Rudi Rhode • Mona Sabine Meis

Wenn Nervensägen an unseren Nerven sägen

Rudi Rhode
Mona Sabine Meis

Wenn Nervensägen an unseren Nerven sägen

So lösen Sie Konflikte
mit Kindern und Jugendlichen
sicher und selbstbewusst

KÖSEL

MIX
Papier | Fördert gute Waldnutzung
FSC® C083411

Penguin Random House Verlagsgruppe FSC® N001967

4. Auflage 2024

in der Penguin Random House Verlagsgruppe GmbH,
Neumarkter Str. 28, 81673 München
Umschlaggestaltung: Weiss Werkstatt München
Umschlagmotiv: © Matelly / plainpicture.com
Satz: dtp im Verlag
Druck und Bindung: CPI books GmbH, Leck
Printed in Germany
ISBN 978-3-466-31149-1
www.koesel.de

Inhalt

Einleitung

»Nö, mach ich nicht; ich bin doch nicht blöd!« – So oder ähnlich tönt es täglich aus Millionen von Kehlen, wenn Kinder oder Jugendliche aufgefordert werden, Regeln einzuhalten oder Grenzen zu beachten. Aber erst im Konflikt nach dem »Nein« stellt sich heraus, ob die betroffenen Erwachsenen überhaupt in der Lage sind, die von ihnen markierten Grenzen zu sichern und die aufgestellten Regeln souverän und selbstsicher zu vertreten. Immer wieder erleben wir:

- dass Eltern sich während eines Konflikts um einen Regelverstoß kleinlaut zurückziehen und den Kleinen und Großen kampflos das Feld überlassen;
- dass Pädagogen oder Eltern aus der Haut fahren und versuchen, mithilfe massiver verbaler und körpersprachlicher Einschüchterungen Grenzen zu ziehen;
- dass Lehrerinnen oder Sozialarbeiter mit der Drohung »Wenn du das nicht machst, dann …« auf die rettende Insel der Sanktionen flüchten und aus purer Hilflosigkeit schon bei harmlosesten Regelverstößen drakonische Strafen verhängen.

Zweifellos: Kinder und Jugendliche brauchen Regeln und Grenzen. Aber die Wirksamkeit von Grenzen und Regeln erweist sich nicht dadurch, dass sie aufgestellt werden. Ob sie tatsächlich gelten, zeigt sich erst dann, wenn sie übertreten und missachtet werden. Daher werden wir in unserem Buch Möglichkeiten aufzeigen, wie wir durch konsequentes und zugleich wertschätzendes Konfliktverhalten dafür sorgen können, dass Grenzen und Regeln mehr sind als bloße Lippenbekenntnisse. Deren Gültigkeit hängt maßgeblich von unserem verbalen und nonverbalen Auftreten ab: Für einen sicheren Auftritt benötigen wir sowohl klare Worte als auch eine klare und eindeutige Körpersprache. Kinder und Jugendliche brauchen starke Erwachsene, die ihr Amt als Erzieherin oder Pädagoge nicht nur bekleiden, sondern auch verkörpern können.

»Mama, ich will fernsehen!« Die angesprochene Mutter ist genervt und hat Angst vor einem langen und nervenaufreibenden Konflikt mit ihrem trotzigen Sohn. Also entgegnet sie: »Nein, Sven, eigentlich hatten wir vereinbart, dass es heute kein Fernsehen gibt.« Ihre Grenzziehung ist halbherzig und gibt dem Sprössling durch die Verwendung des Wortes »eigentlich« zu verstehen: »Die Grenze steht zur Verhandlung.« Das unbedachte mütterliche Verhandlungsangebot wiederum verleitet den Sohn zum Widerstand gegen die nur schwach markierte Grenze, denn schließlich geht es ihm nicht um eine abstrakte Regel, sondern um einen spannenden Film – er brüllt wie ein Löwe. Fazit: Die genervte und ängstliche Mutter macht ihren Sohn erst stark.

Das Beispiel zeigt, dass eine klare innere Haltung die notwendige Voraussetzung für ein klares verbales und nonverbales Verhalten ist. Wer Angst vor Konflikten hat oder zu einer Regel innerlich nicht steht, kann diese auch äußerlich nicht in Form eines eindeutigen Verhaltens vertreten. Wer an der eigenen Durchsetzungsfähigkeit zweifelt, der wird im Streit nach einer Grenzverletzung »kein Bein auf die Erde kriegen«. Umgekehrt gilt: Nur wer innerlich einen festen Standpunkt einnimmt, kann diesen auch äußerlich fest vertreten, ohne aus dem Gleichgewicht zu geraten und anschließend ein unbedachtes Zuge*ständ*nis zu machen:

- Wenn wir von der Berechtigung und Gültigkeit einer Regel nicht überzeugt sind, wird sie auch für die betroffenen Kinder und Jugendlichen nicht gelten.
- Konfliktängste gehen auf Kosten unserer gewinnenden Ausstrahlung. Wir brauchen die Selbstgewissheit, dass wir unsere

Grenzen sichern werden. Nur dann können wir einer Grenzverletzung erfolgreich Ein*halt* gebieten.

Daraus folgt, dass sich unser Buch nicht nur mit unseren verbalen Äußerungen oder unserer äußeren Haltung – unserer Körpersprache – beschäftigt, sondern auch mit unserer inneren Klarheit. Denn oberflächliche Tipps und Tricks zur Konfliktbewältigung bleiben äußerlich und wirken aufgesetzt, wenn die innere Basis nicht stimmt – unsere Einstellung. Wir werden Ihnen daher in den folgenden Kapiteln einen ganzheitlichen Ansatz vorstellen, den wir in den letzten Jahren auf der Grundlage von Hunderten von Konflikttrainings entwickelt haben: das *Modell der kontrolliert-eskalierenden Beharrlichkeit (KEB-Modell).* Vom Aufstellen einer Regel bis zur Verhängung von Konsequenzen nach fortgesetzter Regelmissachtung – das Modell der kontrolliert-eskalierenden Beharrlichkeit gibt Ihnen umfassende und systematische Hilfestellungen, wie Sie künftig selbstsicher und wertschätzend für die Gültigkeit von Grenzen und Regeln eintreten können. Die wichtigsten Prinzipien der kontrolliert-eskalierenden Beharrlichkeit werden wir anhand einfacher Beispiele erläutern, die wir den unterschiedlichsten privaten und beruflichen Bereichen entlehnt haben: Sie werden häusliche und familiäre Konflikte erleben, aber auch Auseinandersetzungen um Grenzverletzungen und Regelverstöße aus Kindertagesstätten, Schulen, Jugendhäusern oder Heimen. Dabei haben wir unser Buch so konzipiert, dass wir das KEB-Modell anhand idealtypischer Einzelfälle erläutern, die Sie jedoch problemlos auf jeden Ihrer persönlichen Konflikte um einen Regelverstoß übertragen können. Selbstbewusste und selbstsichere Erwachsene bieten die besten Voraussetzungen dafür, dass unsere Kinder und Jugendlichen ihr eigenes Selbstbewusstsein und ihre eigene Selbstsicherheit entwickeln. Und unser wertschätzendes Verhalten gegenüber Kindern und Jugendlichen bildet die beste

Voraussetzung dafür, dass auch sie uns mit Respekt und Wertschätzung gegenübertreten. Denn im Zweifelsfall gilt noch immer das uralte Sprichwort: »Wie man in den Wald hineinruft, so schallt es heraus.«

Eine Bemerkung noch zur gender-gerechten Sprachregelung: Da uns die doppelte Nennung der weiblichen und männlichen Formen sprachlich häufig zu umständlich erscheint, verwenden wir abwechselnd männliche oder weibliche Personennennungen; gemeint ist dann jeweils immer auch das andere Geschlecht …

Grenzen – Regeln – Konsequenzen

Um allen Missverständnissen vorzubeugen: Unser Buch handelt zwar von Grenzen, aber das Zusammensein zwischen Erwachsenen und Kindern und Jugendlichen sollte primär nicht aus Abgrenzungen bestehen, sondern aus gemeinsamen Erfahrungen, Erlebnissen, Lernprozessen und gemeinsamer Freude. Und sosehr in den nächsten Kapiteln auch die Durchsetzungsfähigkeit nach Regelverstößen betont werden mag – die Basis von Erziehung im Allgemeinen und von Konflikt im Besonderen ist und bleibt *Wertschätzung*. Das Gemeinsame steht vor dem Trennenden. Wo Respekt, Empathie und Liebe fehlen, mutieren Grenzen, die wir den Kindern und Jugendlichen setzen, zu unüberwindbaren Mauern, hinter denen die Seelen verkümmern. Bei jeder Grenzziehung stehen wir also vor der großen Herausforderung, dass bei aller notwendigen Durchsetzungsfähigkeit die Wertschätzung gegenüber der grenzverletzenden Person nicht auf der Strecke bleiben darf. Die Minimalanforderung an Wertschätzung in einem Konflikt besteht darin, unser Gegenüber nicht persönlich herabzustufen und zu erniedrigen. In diesem umfassenden Sinne muss unser gesamtes Vorgehen in einem Konflikt um einen Regelverstoß oder eine

Grenzverletzung gewaltfrei sein – das heißt frei von jeglicher Form von Verletzung oder Erniedrigung. An diesem Maßstab der Gewaltfreiheit werden sich alle Hilfestellungen, die wir Ihnen in den folgenden Kapiteln geben werden, messen lassen müssen.

Grenzen setzen

Beginnen wir dieses Kapitel über das Markieren von Grenzen mit einer alltäglichen Szene aus einem x-beliebigen Supermarkt. Der Konflikt beginnt mit der lauthals vorgetragenen Begierde: »Mama, ich will ein Eis.« Die Entgegnung der Mutter folgt unmittelbar: »Nein, wir hatten vereinbart, dass es heute kein Eis gibt!« Mit ihrem »Nein« begrenzt die Mutter den Wunsch des Kindes nach Eis. Und wenn sie ihren Satz in einem klaren und deutlichen Tonfall und mit einer unmissverständlichen Körpersprache äußert, sendet sie obendrein die versteckte (das heißt nicht verbalisierte) Botschaft an ihr Kind: »An meinem klaren Ton kannst du hören, dass ich es ernst meine. Ich wünsche keine weiteren Diskussionen oder gar Streitigkeiten über dieses Thema. Und an meinem energischen Auftreten kannst du erkennen, dass du auch keinerlei Chance hast, deinen Wunsch nach Eis erfüllt zu bekommen – denn meine innere Haltung ist diesbezüglich klar und unumstößlich. Daher akzeptiere diese Grenzziehung!« Die Mutter schlägt mithilfe ihrer offenen und versteckten Botschaften zwei Fliegen mit einer Klappe: Sie begrenzt nicht nur den Wunsch nach Eis, sondern möglicherweise auch jedes weitere Betteln und Quengeln des Kindes.

Stellen Sie sich als Kontrast den mütterlichen Satz »Nein, wir hatten vereinbart, dass es heute kein Eis gibt« in einem weinerlich-leidenden Ton vor. Zum besseren Verständnis streuen wir Füllwörter und Dehnungen ein, die diese Lesart erleichtern: »Och neiiiin, wir hatten doch gesagt, dass es heute kein Eis giiibt.« Der jammernde Unterton lässt die mütterliche Klarheit und Entschiedenheit aus dem ersten Beispiel vermissen. Die Grenze wirkt schwammig und schlecht gesichert. Das Jammern der Mutter fungiert als Einladung an das Kind, gegen die undeutlich markierte Grenze in Form von weiteren Angriffen anzurennen. Der Ton macht die Musik: Aus dem »Stopp!« wurde ein »Stöppchen«, und das Kind wittert die Chance, mit der Intensivierung des Widerstandes ans Ziel zu kommen: Eis!

Ein jammernder Unterton bei einer Grenzziehung signalisiert Schwäche und Unsicherheit.

Noch etwas wird klar: Die Formulierung »Wir hatten doch vereinbart« weist darauf hin, dass die Mutter bereits im Vorfeld des Einkaufs den Konflikt im Supermarkt vorhergesehen hat. Vermutlich hat sie schon des Öfteren Erfahrungen mit ihrem Sprössling gesammelt, wie dieser sich verhält, sollte er das begehrte Eis in einer Kühltruhe entdecken. Um also zu vermeiden, dass dieser Streit im Supermarkt erneut entflammt, hat die Mutter kurz vor dem Verlassen des Hauses ihrem Kind deutlich zu verstehen gegeben: »Du hattest gestern schon ein Eis. Und eben erst hast du ein paar Bonbons gegessen. Deswegen gibt es heute kein Eis. Und ich möchte auch kein Gequengel im Supermarkt. Ist das klar?« »Ja, Mama.«

Die Zustimmung des Kindes soll das Aufkeimen einer Auseinandersetzung im Supermarkt verhindern. Denn ein in der Öffentlichkeit lauthals ausgetragener Eltern-Kind-Konflikt ist unangenehm. Die Angst vor sozialer Beschämung ist groß, wird doch ein schreiendes, brüllendes oder quengelndes Kind von Zuschauern üblicherweise als schlecht erzogen wahrgenommen: Die Eltern haben versagt in ihrer Erziehung. Das Schreien wird den Eltern angelastet – nicht dem Kind!

Doch alle guten Vorsätze des Kindes sind vor Ort wie weggeblasen: »Mama, ich will ein Eis!«, so tönt es, dass die Regale im Supermarkt wackeln. Der Geist des Kindes ist willig, doch das Fleisch ist schwach …

Erweist sich mit diesem Aufschrei die im häuslichen Schutz getroffene Vereinbarung als nutzlos? Nein. Sie kann helfen, den Konflikt im Supermarkt zu verkürzen.

Eine einmal begründete Grenzziehung muss im Konfliktfall nicht noch einmal begründet werden.

Denn Erklärungen und Begründungen, warum es heute kein Eis gibt, hat die Mutter ihrem Kleinen bereits im Wohnzimmer gegeben. Diese im Supermarkt zu wiederholen, wäre unnötig, zeitraubend und viel zu »öffentlichkeits-wirksam«. Also kann die Mutter sich im Supermarkt darauf beschränken, einfach nur zu betonen: »Es gibt kein Eis. Denk an die Abmachung. Und jetzt Schluss!«

Das bedeutet: Ist eine Grenzziehung bereits im Vorfeld erklärt und begründet worden, kann sie in der aktuellen Auseinandersetzung kurz, knapp und weitgehend begründungslos ausfallen.

Grenzen erklären

Im Gegensatz zu dem Konflikt um das Eis im Supermarkt sind die meisten Grenzverletzungen nicht so leicht vorhersehbar. Ausführlichere Begründungen für Grenzziehungen müssen dann – wie das folgende Beispiel zeigt – den Kindern und Jugendlichen im aktuellen Konflikt gegeben werden.

Ein Jugendlicher besucht die Jugendeinrichtung eines öffentlichen Trägers und parkt sein Mofa direkt vor der Eingangstür. Ein Sozialarbeiter spricht den Jungen an:

»He, Sven, ist das dein Mofa vor der Tür?«
»Warum?«
»Weil es im Weg steht. Setz es bitte weg. Wir haben doch einen Parkplatz.«

»Warum das denn? Das stört doch gar nicht!«
»Doch. Hier ist der Fluchtweg.«
»Da kommt man doch locker drum herum. Was soll denn der Scheiß?«
»Ich möchte keinen Ärger mit der Feuerwehr oder dem Ordnungsamt. Wir hatten schon oft Schwierigkeiten mit denen. Komm, setz es bitte weg.«
»Aber das steht doch gar nicht im Weg.«
»Doch, setz es bitte weg.«

Vermutlich wird das Geplänkel zwischen Sozialarbeiter und Sven noch eine Weile dauern, bis der Jugendliche entnervt und mürrisch das Mofa auf den Parkplatz setzt. Die Grenzziehung ist mühsam und kostet den Sozialarbeiter Zeit und Energie. Aber er weiß: Der Jugendliche kennt die Gründe nicht, warum er sein Mofa auf den Parkplatz setzen soll.

Eine Begründung macht die Grenzziehung nachvollziehbar und einsichtig.

Also legt er ihm diese dar. Durch die Begründung mindert der Sozialarbeiter den Druck auf den Jugendlichen und vermittelt ihm die versteckte Botschaft:

»Ich handle nicht willkürlich und um dich zu schikanieren, sondern weil ich meine guten Gründe habe. Mir ist wichtig, dass du sie verstehst.« Die Begründung einer Grenzziehung signalisiert Wertschätzung.

Und noch eine weitere versteckte (= nicht verbalisierte) Botschaft wird durch das Aufzeigen der eigenen Beweggründe für die Grenzziehung kommuniziert: »Ich möchte, dass du die Gründe, die ich dir nenne, nachvollziehen kannst und dass du die Grenze aus Einsicht beachtest.«

Natürlich lässt sich bezweifeln, ob der Jugendliche die Gründe des Sozialarbeiters tatsächlich nachvollziehen kann und sich zu eigen macht. Aber er spürt, dass der Sozialarbeiter ihn nicht per-

Regelkonformes Verhalten, das nicht durch Zwang erpresst wird, erfolgt auf der Grundlage von Respekt – es erfolgt freiwillig statt widerwillig.

sönlich treffen und ärgern will, sondern aus triftigen Gründen handelt. Auch wenn Sven diese Gründe nicht übernimmt: Er setzt sein Mofa nicht aus Angst vor dem Sozialarbeiter und den folgenden Konsequenzen auf den Parkplatz, sondern weil er die Führungsposition und die Autorität des Sozialarbeiters respektiert. Er handelt aus freiem Willen, und nicht, weil ihn der Sozialarbeiter dazu gezwungen hat.

Grenzziehung oder Erniedrigung?

Wie würde der Konflikt verlaufen, sollte die Grenzziehung des Sozialarbeiters begründungslos erfolgen? Wir setzen voraus, dass der Jugendliche die Gründe, warum er sein Mofa vor der Tür nicht abstellen darf, tatsächlich nicht kennt:

»He, Sven, ist das dein Mofa vor der Tür?«
»Warum?«
»Setz es bitte weg.«
»Warum das denn?! Das stört doch gar nicht.«
»Setz es bitte weg. Ich habe das doch wohl klar gesagt, oder!?!«
»Was soll denn der Scheiß? Sind Sie jetzt hier auch noch Polizist? Warum soll ich es wegsetzen?«
»Weil ich dir das sage! Ich habe hier das Hausrecht, und das gilt auch für draußen. Also bitte!«
»Spinnt ihr jetzt komplett, oder was? Was ist, wenn ich es nicht wegsetze?«
»Dann kriegst du Hausverbot. Setz es jetzt sofort auf den Parkplatz.«
»Jetzt dreht ihr völlig am Rad. Mein Gott, ich park um – dann bin ich aber auch gleich wieder weg!«

Natürlich ist der Sozialarbeiter in der Einrichtung weisungsbefugt und muss, rein juristisch betrachtet, einem Jugendlichen nicht jede Grenzziehung begründen. Aber durch das Weglassen der Begründung und den Satz »Weil ich dir das sage« läuft er Gefahr, dass die Markierung der Grenze als willkürliche Schikane und als Befehl missverstanden wird: Der Jugendliche fühlt sich gedemütigt und schießt zurück. Druck erzeugt Gegendruck.

Eine nicht begründete Grenzziehung produziert Frustration, Widerstand und Kampf.

Und wenn der Jugendliche nach heftiger Auseinandersetzung sein Mofa tatsächlich auf den Parkplatz stellt, dann aus Angst vor dem angedrohten Hausverbot, und nicht, weil er die Grenze oder den Sozialarbeiter respektiert. Folglich wird das Wegsetzen seines Mofas von Sven als Niederlage in einem Machtkampf empfunden. Und die erlittene Niederlage sitzt tief: Bei der nächsten Kleinigkeit wird es erneut zwischen dem Sozialarbeiter und Sven zum Streit kommen, denn dieser sinnt auf Rache. Die Beziehung zwischen den beiden Kontrahenten ist – zumindest vorläufig – gestört.

Dieses Beispiel zeigt, wie wichtig die Begründung einer Grenzziehung sein kann: Sie vermittelt Respekt und verwandelt einen willkürlich erscheinenden Befehl in eine nachvollziehbare Erwartung. Und schließlich kann die Begründung einer Grenzziehung dazu beitragen, dass Verhärtungen und unnötige Kämpfe um Gesichtsverlust und Autorität vermieden werden. Dabei ist es zwar wünschenswert, aber nicht zwingend notwendig, dass die in die Grenzen verwiesene Person die Gründe einsieht und für sich übernimmt. Sie sollte jedoch erkennen, dass die Grenzen setzende Person aus für sie wichtigen Gründen handelt.

Fazit

1. Eine schwammig markierte Grenze lädt zur Übertretung ein. Die Grenzsetzung muss daher klar und deutlich erfolgen, damit aus einem »Stopp!« kein »Stöppchen« wird.
2. Die Begründung einer Grenze signalisiert der grenzverletzenden Person Wertschätzung, schafft Transparenz und wirkt potenziell deeskalierend.
3. Die Begründung einer Grenzziehung setzt darauf, dass die Grenze vom Gegenüber aus Einsicht respektiert wird, und nicht aus Angst vor Konsequenzen.
4. Wurde eine Grenzziehung der grenzverletzenden Person bereits im Vorfeld erklärt und begründet, ist eine erneute Begründung im Konfliktfall zeitaufwändig und unnötig.

Aus Grenzen werden Regeln

Um Unterschiede und Gemeinsamkeiten zwischen Grenzen und Regeln herauszuarbeiten, bleiben wir zunächst beim Beispiel des Streits um das Mofa im Eingangsbereich der Jugendeinrichtung. Unterstellen wir einmal, dass immer wieder Zweiräder in diesem Eingangsbereich geparkt werden. Die jeweils Dienst habenden Sozialarbeiterinnen und Sozialarbeiter müssen ständig nervenaufreibende Diskussionen mit den betreffenden Jugendlichen führen.

Die Verwandlung einer Grenze in eine Regel dient unter anderem der Entlastung der verantwortlichen Erwachsenen.

In einer Teamsitzung der Jugendeinrichtung wird daher beschlossen, zwecks Arbeitserleichterung den bestehenden Regelkatalog um eine weitere Regel zu erweitern: »Im Eingangsbereich der Jugendeinrichtung dürfen weder Fahrräder noch Mofas oder Motorräder geparkt werden.«

Ein großes Plakat im Eingangsbereich weist auf die neue Regel hin; auf einem weiteren Aushang wird die Begründung (= Fluchtweg) direkt hinzugefügt. Und zunächst scheint es, als hätten die Jugendlichen die Regel verinnerlicht, denn der Eingangsbereich bleibt einige Tage frei von Fahrzeugen. Doch etwa zwei Wochen nach Aufhängung des Plakats ist es wieder so weit: Ein Jugendlicher parkt sein Motorrad in unmittelbarer Nähe des Eingangs. Die diensthabende Sozialarbeiterin ermittelt den Eigentümer und spricht ihn an:

»Kevin, ist das dein Motorrad vor der Tür?«
»Welches Motorrad?«
»Die blaue Maschine.«
»Wieso?«
»Setz sie bitte weg. Du kennst die Regel: Im Eingangsbereich keine Motorräder.«

»Aber was soll das denn jetzt? Die stört doch nicht. Außerdem hau ich doch sowieso gleich ab.«

»Setz sie bitte *jetzt* weg. Wir müssen das doch nicht diskutieren.«

»Aber warum das denn?«

»Hier ist ein Fluchtweg. Die Regel nebst Begründung steht groß im Eingangsbereich. Und das weißt du. Komm, park dein Motorrad eben um, dann lass ich dich sofort in Ruhe.«

»Scheißregel. Ja, ist ja schon gut.«

Wenn Sie dieses Konfliktgespräch über den Regelverstoß mit dem ersten Dialog zwischen dem Sozialarbeiter und dem Jugendlichen vergleichen, dann fällt auf, dass – im Gegensatz zu oben – hier auf die Begründung der Regel weitgehend verzichtet wird. Die Sozialarbeiterin geht davon aus, dass Kevin sie gelesen hat. Folglich beschränkt sie sich darauf, fast begründungslos auf die Regel zu verweisen und den Konflikt dadurch zu verkürzen.

Regeln helfen

Die Verwandlung einer Grenze in eine Regel bringt allen Betroffenen Vorteile:

- Im Konfliktfall muss eine einmal erklärte Regel nicht mehr ausführlich begründet werden. Das verkürzt den Konflikt.
- Durch ein Regelwerk wird gewünschtes Verhalten definiert: Die für das Regelwerk Verantwortlichen wissen, welches Verhalten sie sanktionieren müssen, und die von dem Regelwerk Betroffenen können ermessen, wie sie sich verhalten können, um Sanktionen zu vermeiden.
- Eine Regel entpersonifiziert eine Grenzziehung. Das Prinzip »Wenn du dich regelwidrig verhältst, dann …« tritt bei jeder Regelverletzung in Kraft, unabhängig davon, welche Personen

beteiligt sind. Dadurch wird der Grenzziehung der Verdacht genommen, beliebig, willkürlich, persönlich oder schikanös zu sein.

Die Mutter des nach Eis lechzenden Kindes tut gut daran, nach der dritten lautstarken Auseinandersetzung im Supermarkt die Grenze in eine Regel zu verwandeln, um sich künftig nervenaufreibende Szenen zu ersparen. Sie nimmt sich in einem günstigen Moment die Zeit, um mit ihrem Kind über die Eis-Problematik zu sprechen.

Ein festes Regelwerk schafft für alle Beteiligten Handlungssicherheit und Klarheit.

Dabei begründet sie ausführlich, warum sie den Konsum von Eis zu begrenzen trachtet. Zusätzlich legt sie fest, wie oft sie dem Kind den Verzehr von Zucker erlaubt:

»Jeden Tag gibt es eine Süßigkeit. Wenn du bereits ein Stück Schokolade hattest, gibt es an dem Tag kein Eis.« Und sie wird künftig ihr Kind vor jedem Einkauf darauf hinweisen: »Denk an die Regel: Du hattest eben schon Gummibärchen. Im Supermarkt gibt es kein Eis und auch kein Geschrei!«

Sollte die Mutter aber die Erfahrung machen, dass das Aufstellen dieser Regel die Auseinandersetzungen im Supermarkt nicht unterbindet, dann wird sie klugerweise eine weitere Regel nebst Konsequenz aufstellen: »Wenn es im Supermarkt Ärger gibt, obwohl klar ist, dass du kein Eis bekommst, dann gibt es auch am nächsten Tag keine Süßigkeit.« Und auch diese Zusatzregel wird sie ihrem Kind ruhig und ausführlich begründen.

Schauen wir hinter die Kulissen des mütterlichen Regelwerks, dann entdecken wir wieder einmal ein feines Netz von versteckten Botschaften. Durch die Blume gibt die Mutter ihrem Kind zu verstehen: »Mein Liebes, ich weiß, dass du im Supermarkt den Wunsch nach Eis haben wirst. Verleihst du deinem Wunsch nach Eis lautstark Ausdruck, wirst du größere Nachteile in Kauf nehmen müssen. Du wirst sowohl dein Eis nicht bekommen als auch am nächsten Tag auf deine dir laut Vereinbarung zustehende Süßigkeit verzichten müssen. Du hast die Wahl: ein eisfreier Tag oder sogar zwei Tage ohne Eis. Für dich, mein Kind, ist es eine ganz einfache Kosten-Nutzen-Rechnung. Rechne gut und unterlasse das Gequengel im Supermarkt.«

An diesen versteckten, aber nicht notwendigerweise auch verbalisierten Botschaften wird deutlich, wie wichtig das konsequente Auftreten und Verhalten der Mutter für die Entscheidung des Kindes ist, ob es im Supermarkt quengelt oder nicht:

- Sollte das Kind in der Vergangenheit wiederholt die Erfahrung gemacht haben, dass die Mutter die Beachtung der Regeln nicht konsequent verfolgt, sondern angesichts des widerspenstigen Kindes immer wieder einknickt, dann wächst die Wahrscheinlichkeit, dass es sich im Supermarkt vehement für die Erfüllung seines Wunsches nach Eis einsetzen wird. Das Risiko des größeren Leids in Form von zwei Tagen ohne Süßigkeiten ist durch das inkonsequente mütterliche Verhalten minimiert.
- Hat das Kind dagegen die Erfahrung gemacht, dass die Mutter bei Regel- und Grenzverletzungen konsequent auftritt, wird es vermutlich im Supermarkt nur einen vorsichtigen Vorstoß machen, um die »Tagesform« der Mutter zu testen: »Mamilein, krieg ich vielleicht doch ein Eis? Bitte.« Die Reaktion der Mutter entscheidet, welchen Verlauf der Konflikt nimmt: »Nein. Und keine Diskussion und kein Theater jetzt, sonst gibt es auch morgen keine Süßigkeit!« Schwingt in diesem Satz die nonverbale Botschaft mit: »Ich werde konsequent sein«, so ist der Konflikt mit hoher Wahrscheinlichkeit beendet.

Eine Regel steht und fällt mit dem konsequenten Vorgehen der Verantwortlichen bei Verstößen.

Das bedeutet: Werden Regelverstöße konsequent geahndet, treten sie seltener auf.

Regeln gelten

Immer wieder können wir erleben, wie gerne sich Kinder und Jugendliche ein eigenes Regelwerk geben und darin verantwortungsvoll festlegen, nach welchen Prinzipien sie ihr Miteinander gestalten möchten. Denn Regeln bieten Handlungssicherheit und Verbindlichkeit, Klarheit und Halt. Die Einsicht in die Notwendigkeit und Sinnhaftigkeit von Grenzen und Regeln ist bei (fast) allen Kindern und Jugendlichen vorhanden. Unsere scheinbar entgrenzte Jugend sucht nach Strukturen, die ihnen Orientierung und Sicherheit bieten.

Die beste Möglichkeit zu lernen, wie man Verantwortung übernimmt, besteht darin, Verantwortung zu übernehmen.

Also sollten wir, wann immer es geht, Kinder und Jugendliche offensiv in den Prozess der Regelaufstellung einbinden. Denn je stärker wir Erwachsenen uns bei der Erstellung eines Regelwerks zurücknehmen, desto mehr Verantwortung übernehmen die Kinder und Jugendlichen für die Gestaltung unseres Zusammenlebens. Im Idealfall beschränkt sich unsere Rolle auf die Moderation dieses Regelfindungsvorgangs.

Doch Sie werden unser Buch vermutlich nicht deswegen gekauft haben, weil Sie ständig mit einsichtigen und verantwortungsvollen Kindern und Jugendlichen zu tun haben, die sich ihre Grenzen setzen und Regeln geben. Und selbst verantwortungsbewusste Kinder und Jugendliche sind – wie wir unten noch zeigen werden – aus den unterschiedlichsten Gründen mit der Aufstellung vieler Regeln schlichtweg überfordert. Wir sollten also deren Grenzen erkennen und immer dann, wenn sie bei der Erstellung eines Regelwerks zu scheitern drohen, diese entlasten:

- Bei Überforderung stellen wir Erwachsenen die Regeln auf, und nicht die Kinder und Jugendlichen.
- Das Regelwerk wird bei dessen Vermittlung ausführlich begründet. Denn das zeugt von Wertschätzung denjenigen gegenüber, von denen wir im konkreten Fall erwarten, dass sie auf die Befriedigung ihrer aktuellen (regelwidrigen) Bedürfnisse verzichten, um sich stattdessen regelkonform zu verhalten.
- Die Kinder und Jugendlichen können ihre zustimmenden oder ablehnenden Meinungen in einem (je nach Situation) mehr oder weniger langen ausführlichen Diskussionsprozess äußern.
- Die Ausführlichkeit der Erklärungen beim Aufstellen von Regeln und auch die Intensität des anschließenden Diskussionsprozesses dürfen jedoch nicht verwechselt werden mit einer Verhandlung der Regeln. Die Regeln stehen nicht zur Disposition!

Ob Vater oder Mutter, Erzieherin oder Sozialarbeiter, ob Referendarin oder Lehrer, ob Pflegepersonal in einer psychischen Einrichtung oder Betreuerin bei der Hausaufgabenhilfe – wir müssen uns eingestehen, dass wir uns in einer verantwortlichen Position befinden.

Regeln werden von denen aufgestellt, die sich in einer verantwortlichen Position befinden.

Die jeweilige Führungsrolle muss an*genommen* und besetzt werden. Dazu sind wir nicht nur gesetzlich und arbeitsrechtlich, sondern auch moralisch und pädagogisch verpflichtet. Wenn wir der Meinung sind, dass Regeln notwendig und die Kinder oder Jugendlichen mit deren Aufstellung überfordert sind, dann stellen wir sie auf und begründen sie. Und sollten die von uns aufgestellten Regeln verletzt werden, dann ist es unsere Aufgabe, dafür zu sorgen, dass sie wieder in Kraft treten.

- Einem Schiedsrichter, der Führungsschwäche offenbart und dadurch die ihm zugewiesene Machtposition nicht besetzt, gleitet das Spiel aus der Hand. Fouls nehmen zu, und das Verletzungsrisiko für die Spielerinnen oder Spieler wächst. Das Spiel wird unerfreulich.

- Eine Lehrerin, die ihre Führungsrolle in der Klasse nicht besetzt, kann keinen guten Unterricht durchführen. Die Schülerinnen und Schüler werden ihr auf dem Kopf herumtanzen, und die Qualität des Unterrichts leidet unter ihrer Führungsschwäche. Alle beteiligten Schülerinnen und Schüler lernen weniger – und die Lehrerin wird möglicherweise krank.
- Ein Vater, der die von ihm angekündigten Konsequenzen nicht in die Tat umsetzt, läuft Gefahr, seinem Kind nicht die nötige Handlungssicherheit für eine gesunde Entwicklung zu geben. Denn Grenzen und Regeln geben unseren Kindern und Jugendlichen Halt oder schützen sie vor Gefahren.

Wenn wir Erwachsenen die »Chefs im Ring« sind, dann handelt es sich nicht um gleichberechtigte Beziehungen zwischen uns und unseren Kindern und Jugendlichen, sondern um hierarchische Strukturen: Das Bedürfnis der Mutter, die Gesundheit ihres Kindes durch Zuckerbeschränkung zu schützen, wiegt schwerer als das Bedürfnis des Kindes, zweimal am Tag Süßigkeiten zu essen. Und das Interesse des Lehrers an einem störungsfreien Unterricht ist gewichtiger als das Interesse eines Schülers nach einer störenden Unterhaltung mit seinem Nachbarn. Dass der störungsfreie Unterricht nicht in erster Linie dem durchaus legitimen Interesse des Lehrers nach Ruhe und Entspannung dient, sondern vor allem dazu führen soll, dass alle Schülerinnen und Schüler optimal lernen können, versteht sich von selbst.

Ein gutes Regelwerk berücksichtigt die Interessen aller davon betroffenen Personen.

Daraus folgt: Wir sind in der Verantwortung und haben die Pflicht, Regeln aufzustellen, die ganz wesentlich auch im Interesse der Kinder und Jugendlichen sind. Und wenn zu erwarten ist, dass es künftig trotz Regelaufstellung zu Verstößen kommen wird, dann ist es ratsam, auch direkt die darauffolgenden Konsequenzen aufzuzeigen.

Fazit

1. Wird eine Grenze wiederholt überschritten, ist es ratsam, diese deutlicher zu markieren, indem sie in eine Regel verwandelt wird.
2. Die Regel wird beim Aufstellen ausführlich begründet. Bei einem Regelverstoß muss eine einmal begründete Regel nicht erneut detailliert begründet werden.
3. Werden Regelverstöße konsequent geahndet, treten sie seltener auf.
4. Wenn Kinder und Jugendliche mit der Aufstellung von Regeln überfordert sind, dann stehen wir Erwachsenen in der Verantwortung: Wir stellen sie auf. Die Regeln werden begründet und vielleicht sogar diskutiert. Aber sie stehen nicht zur Verhandlung.

Keine Regeln ohne Konsequenz

Implizit wurde im Zusammenhang mit dem Aufstellen von Regeln bereits klar, dass jede Regel in den meisten Fällen nur so gut oder schlecht ist wie die Konsequenz, die auf eine fortgesetzte Nichtbeachtung folgt. Wir sprachen von einer heimlichen Kosten-Nutzen-Rechnung, die eine Person unbewusst durchführt, bevor sie eine Regel missachtet. Diese heimliche Rechnung möchten wir näher beleuchten. Wählen wir ein Beispiel aus der Schule:

Ein 16-jähriger Schüler wird von einer Aufsicht führenden Lehrerin in einer Ecke des Schulhofes beim Rauchen erwischt. Die Regel ist eindeutig: Das Rauchen ist ausschließlich 18-jährigen Schülerinnen und Schülern ab der zwölften Klasse gestattet.

Die Lehrerin stellt den rauchenden Schüler zur Rede und meldet anschließend dessen Klassenlehrer die Regelverletzung. Dieser wiederum führt ein Gespräch mit dem jugendlichen Raucher und droht ihm an, dass im Falle des wiederholten Rauchens seine Eltern benachrichtigt werden. Einstweilen begnügt sich der Lehrer mit einem Eintrag ins Klassenbuch, und der Junge gelobt Besserung. Das Problem scheint geklärt zu sein. Doch bereits ein paar Tage später wird der gleiche Schüler erneut beim Rauchen entdeckt.

Um erklären zu können, wie es zu diesem nächsten Regelverstoß kommen konnte, müssen wir fragen: Warum nimmt der Schüler das Risiko der Konsequenzen auf sich und raucht auf dem Schulhof? Will er seinen Mitschülern imponieren? Möchte er sich erwachsener fühlen? Ist es die Sucht? Schmeckt ihm die Zigarette? Oder aber will er mithilfe der Zigarette den Stress der letzten Stunde abbauen? Vermutlich von allem etwas.

Fest steht: Auf sein Rauchen verzichten zu müssen, würde dem Schüler aus den genannten Gründen sehr schwer fallen. In seiner unbewussten Kosten-Nutzen-Rechnung stellt das Paket »Befriedigung eigener Bedürfnisse« einen beträchtlichen Nutzen dar. Der Schüler hat viele gewichtige Gründe, zu rauchen: Status-Anhebung, Sucht, Genuss, Stressabbau.

Ein Regelverstoß ist das Ergebnis einer heimlichen Kosten-Nutzen-Rechnung.

Doch damit ist die Frage, warum der Junge erneut die Regel übertreten hat, noch nicht hinreichend beantwortet. Wir müssen noch die möglichen Kosten des Regelverstoßes berücksichtigen. Unterstellen wir einmal, dass der Klassenlehrer des Jungen dafür bekannt ist, dass er konsequent handelt. Der Schüler kann also nicht darauf spekulieren, dass die angedrohte Konsequenz der Elternbenachrichtigung im Falle seines wiederholten Erwischtwerdens ausbleibt. Warum also nimmt er in Kauf, dass seine Eltern benachrichtigt werden? Ganz einfach: Weil das durch die Konsequenz angedrohte Leid kleiner ist als das Leid, auf seine Zigarette verzichten zu müssen. Oder anders formuliert: Der Nutzen, den sich der Junge von der Zigarette verspricht, überwiegt bei seiner Rechnung die Kosten – die Elternbenachrichtigung.

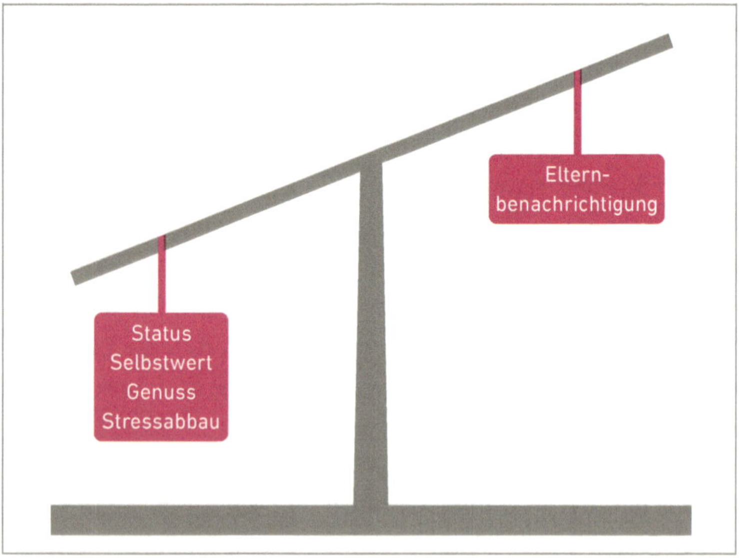

Aber nur, wenn wir den familiären Hintergrund des Schülers betrachten, können wir die Grundlage seiner unbewussten Kosten-Nutzen-Rechnung verstehen: Die Eltern tolerieren, dass ihr 16-jähriger Junge raucht. Und schlimmer noch: Sie sind mit der Erziehung überfordert, haben pädagogisch resigniert und aufgehört, sich um ihren Sohn zu kümmern. Also werden sie ihn mit größter Wahrscheinlichkeit auch nicht wegen seines schulischen Regelverstoßes bestrafen. Das bedeutet für die Kostenseite der Waage: Der Junge rechnet fest damit, dass ihm durch die Benachrichtigung seiner Eltern keine größeren Nachteile erwachsen werden. Die möglichen Kosten seines Rauchens fallen kaum ins Gewicht.

Der Schüler hat – unbewusst – gerechnet und kommt zu dem wenig erstaunlichen Ergebnis, dass sich für ihn der erneute Regelverstoß »rechnet«.

Konsequenzen müssen »wehtun«.

Der Nutzen ist hoch, das Risiko hoher Kosten gering. Warum also, so die logische Folge seiner unbewusst vorgenommenen Berechnung, sollte er auf die Zigarette und die damit verbundenen Vorteile verzichten? Nennenswerte Nachteile in Form von schweren Konsequenzen sind nicht zu befürchten: Also raucht er weiter!

Das heißt: Sind die zu erwartenden Nutzen größer als die zu erwartenden Kosten, entscheidet sich die betreffende Person für den Regelverstoß. Überwiegen die Kosten die Nutzen, entscheidet sich die Person (meistens) für regelkonformes Verhalten.

Eine Frage der Gewichtung

Aus diesem Modell der heimlichen Kosten-Nutzen-Rechnung in Verbindung mit Regeln lassen sich wichtige Schlussfolgerungen ziehen, wie wir Eltern, Erzieher, Sozialarbeiterinnen oder Lehrerinnen uns vor oder nach Regelverstößen verhalten können. Wir haben zwei Ansatzmöglichkeiten:

1. Wir können durch gezielte Maßnahmen dafür sorgen, dass der Nutzen für die regelmissachtende Person möglichst gering ausfällt. So können zum Beispiel Aufsicht führende Lehrerinnen und Lehrer mit ihrer ständigen Präsenz in Raucherecken dafür sorgen, dass zumindest die Faktoren Genuss und Stressabbau auf der Haben-Seite des Regelverstoßes nicht mehr zu Buche schlagen. Zwei Steinchen werden von der Waage genommen, und schon ändert sich möglicherweise die Balance:

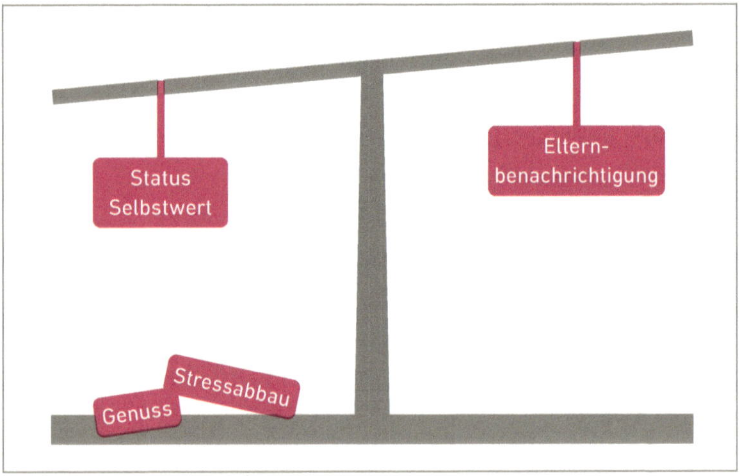

2. Um die Waage vollständig zur anderen Seite kippen zu lassen, können wir auch die Kosten für regelwidriges Verhalten in die Höhe treiben und dafür sorgen, dass ein Regelverstoß schwerwiegende Konsequenzen nach sich zieht. So ist – auf unser Raucherbeispiel übertragen – die Elternbenachrichtigung für diesen Jungen keine geschickt gewählte Konsequenz. Der Klassenlehrer muss eine Sanktion wählen, die den Jungen an einer empfindlichen Stelle treffen wird: Die nächsten Pausen muss der Junge allein an einem Tisch vor dem Schulleiter-Dienstzimmer verbringen. Und diese Konsequenz hätte er dem Jugendlichen

bereits nach der ersten Regelverletzung androhen müssen. Dann wäre die interne Kosten-Nutzen-Rechnung des Jungen anders ausgefallen:

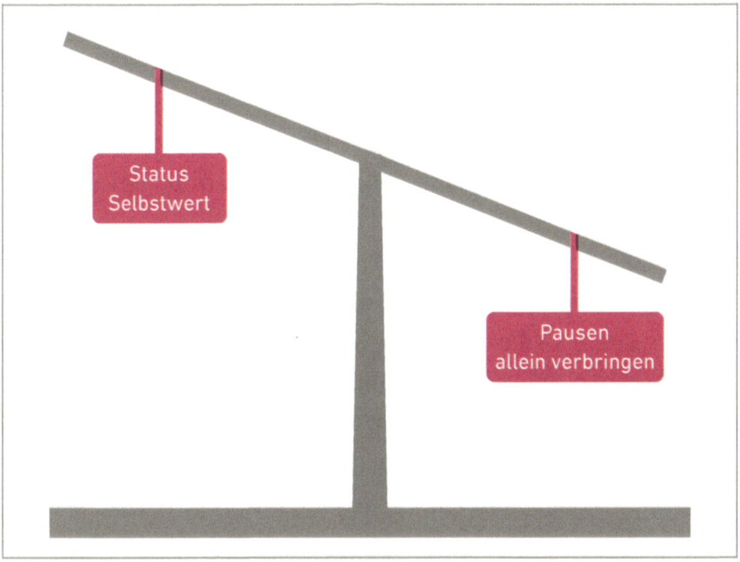

Das Modell der Kosten-Nutzen-Waage zeigt: Durch kleine Gewichtsverlagerungen können wir die Rechnungen unserer Kinder und Jugendlichen dahingehend beeinflussen, dass regelkonformes Verhalten begünstigt wird. Wir sollten einerseits darauf achten, dass wir den Nutzen, den sich eine regelverletzende Person von ihrem Verhalten verspricht, minimieren. Und andererseits können wir durch Androhung wirksamer Konsequenzen die Kosten erhöhen. Auf beide Punkte werden wir später noch näher eingehen.

Ausnahmen bestätigen die Regel

Wir müssen eine wichtige Einschränkung vornehmen: Nicht immer ist ein Bedürfnis die Triebfeder eines Regelverstoßes.

- Ein Kind, das sich nur mit Mühe konzentrieren kann, stört den Unterricht nicht deshalb, weil es sich davon den Nutzen der Abwechslung verspricht oder weil die Konsequenzen unangemessen gewählt sind. Das betreffende Kind ist schlichtweg überfordert, sich über einen längeren Zeitraum an die Ruheregel zu halten.
- Ein Jugendlicher, der jeden Morgen zu spät zum Unterricht kommt, muss nicht zwangsläufig sein Schlafbedürfnis wichtiger erachten als die möglichen Konsequenzen, die auf seine Unpünktlichkeit folgen. Es kann durchaus sein, dass er jeden Abend einschläft mit dem festen Vorsatz, rechtzeitig zum Unterricht zu erscheinen, aber immer wieder an sich selbst scheitert – und darunter sogar leidet.

In beiden Fällen wäre es sinnlos, Konsequenzen zu verhängen, die lediglich die Kosten in die Höhe treiben: Das unruhige Kind braucht keine Strafen, sondern Anleitung und Training zur Konzentrationsfähigkeit. Um diese notwendige Hilfe einzuleiten, fragt die Lehrerin:

Manchmal wird eine Regel missachtet, weil die Betroffenen nicht in der Lage sind, sie zu befolgen.

»Mareike, was würde dir helfen, dass du dich besser konzentrieren kannst? Brauchst du einen anderen Platz? Sollen wir dich probeweise von Svenja wegsetzen?«
»Nö, bitte nicht.«
»Sondern?«
»Vielleicht, dass Svenja einfach nicht antwortet, wenn ich sie etwas frage.«

»Das könnte dir helfen?«

»Glaub schon.«

»Okay, versuchen wir es: Immer dann, wenn du Svenja in der Stillarbeit ansprichst, darf sie dir nicht antworten.«

»Hm.«

»Wir probieren es aus, ob es klappt. Svenja, bist du einverstanden, dass du Mareike hilfst, indem du nicht reagierst, wenn sie dich anspricht?«

»Okay.«

»Und sollte es nicht funktionieren, machen wir einen Test mit einem Einzelplatz.«

»Das klappt schon.«

Sollte auch diese Hilfestellung nicht den erwünschten Effekt der Störungsminderung bewirken, müssen weitere Maßnahmen von der methodischen und inhaltlichen Binnendifferenzierung bis hin zur Einbeziehung der Eltern oder gar der schulpsychologischen Betreuung ergriffen werden.

Ähnlich ließe sich mit dem verspäteten Jugendlichen verfahren. Dessen Lehrer könnte ihn beispielsweise dazu verpflichten, dass er mit seiner Mutter ein Abkommen schließt: Diese bekommt die Aufgabe, ihren Sohn so lange morgens zu wecken und zu bedrängen, bis er ohne fremde Hilfe selbst rechtzeitig aufstehen kann. Und wenn diese Selbstverpflichtung des Jugendlichen nicht den erwünschten Erfolg der Pünktlichkeit bringen sollte, können als weitere Maßnahme dessen Eltern in die Schule bestellt werden, um mit ihnen gemeinsam konkrete Hilfestellungen für die morgendliche Weckproblematik zu vereinbaren.

Diese beiden Beispiele zeigen: Sollten Sie feststellen, dass ein Kind oder ein Jugendlicher überfordert ist, eine Regel zu beachten, müssen die Konsequenzen Hilfestellungen enthalten, die dazu befähigen, sich künftig regelkonform zu verhalten.

Einsicht in den Sinn einer Regel

Untersuchungen belegen: In vielen Elternhäusern oder Institutionen mangelt es an wirksamen und durchdachten Konsequenzen – oder sie werden nicht konsequent umgesetzt. Da grenzt es fast an ein Wunder, dass wir nicht im allgemeinen Chaos der Regellosigkeit versinken. Das liegt daran, dass die meisten Regeln von Kindern und Jugendlichen nicht etwa aus Angst vor Konsequenzen, sondern aus Einsicht in deren Sinnhaftigkeit befolgt werden:

- Ein Jugendlicher in einer Freizeiteinrichtung räumt nach dem Spiel sein Billardqueue wieder an den vorgeschriebenen Platz zurück, weil er weiß, dass die Beachtung dieser Regel auch ihm garantiert, dass er ohne großes Suchen alles finden kann, was er zum Spielen braucht. Die Regel reduziert – wird sie von allen Besuchern befolgt – seinen Stress und erleichtert ihm die Freizeitgestaltung im Jugendhaus. Also handelt der Jugendliche regelkonform, weil er den Sinn der betreffenden Regelung einsieht.
- Die Tochter erledigt ihren Teil der Hausarbeit, beispielsweise den Abwasch, weil sie nachvollziehen kann, dass sich dadurch das Zusammenleben in der Familiengemeinschaft angenehmer gestaltet und ihre Eltern entlastet werden.
- Eine Oberstufenschülerin macht vor dem Unterricht ihr Handy aus, weil sie weiß, dass der Lehrer oder ihre Mitschülerinnen und Mitschüler durch die Klingelzeichen belästigt oder gestört würden. Und auch sie selbst empfindet Klingeltöne nervend und ablenkend.

In allen drei Fällen unterstellen wir den Jugendlichen, dass sie sich regelkonform verhalten, weil sie den Sinn und die Notwendigkeit der jeweiligen Regel einsehen.

Aber trotzdem: Wir Erwachsenen wissen nicht zuletzt aus eigener Erfahrung, dass die grundsätzliche Einsicht in die Sinnhaftigkeit und Notwendigkeit einer Regel nicht bedeutet, dass wir diese auch immer beachten: Wer ist noch nie bei Rot über eine Ampel gegangen? Welcher Raucher schmeißt seine Kippe nicht mal auf die Straße, wenn kein Papierkorb in der Nähe ist? Wer lässt im Winter den Motor seines Autos bei einer Wartezeit auf einem Parkplatz nicht doch mal durchlaufen, um die Vorzüge der Heizung zu genießen?

Die Missachtung einer als sinnvoll angesehenen Regel passiert immer »ausnahmsweise«.

Erscheint der aktuelle Nutzen sehr hoch, missachten auch wir Erwachsenen immer wieder Regeln, deren Sinn und Notwendigkeit wir prinzipiell einsehen, doch im Einzelfall schon einmal ausnahmsweise übertreten.

Das bedeutet: Einsicht in die Sinnhaftigkeit von Regeln ist eine notwendige, aber oft nicht hinreichende Bedingung dafür, dass sie befolgt werden. Immer dann, wenn die Befolgung einer als prinzipiell sinnvoll erachteten Regel dazu führt, dass schwerwiegende Bedürfnisse unerfüllt bleiben, ist die Einsicht auf eine harte Probe gestellt.

Dennoch wollen wir betonen, dass die Einsicht in den Sinn einer Regel dazu führt, dass diese seltener missachtet wird. Und die Instanz, die uns einen Regelverstoß erschwert, ist das schlechte Gewissen, das wir bekommen, sollten wir eine als sinnvoll erachtete Regel außer Kraft setzen.

Aus diesen Überlegungen folgt, dass wir uns beim Aufstellen einer Regel immer darum bemühen sollten, bei unseren Kindern und Jugendlichen eine prinzipielle Einsicht in deren Notwendigkeit und Sinnhaftigkeit zu erzielen. Bei der Implementierung einer Regel liefern wir umfangreiche Begründungen und lassen Diskussionen zu – jedoch ohne dass der Kern der Regel zur Verhandlung steht (s.o.).

Einsicht in die Gültigkeit einer Regel

Doch Vorsicht! Seien wir realistisch und erkennen wir die Grenzen der Einsichtigkeit von Kindern und Jugendlichen in den Sinn einer Regel an. Viele Regeln werden aufgestellt, damit sie uns Erwachsenen das Leben erleichtern:

- Der Vater, der mit seiner Tochter vereinbart, dass sie ihre Musik während seiner Anwesenheit in der Wohnung nur auf Zimmerlautstärke hören darf, stellt diese Regel primär eigennützig auf: Er verspricht sich davon Ruhe.
- Die Sozialarbeiterin, die die Jugendlichen auffordert, gemäß der Regel pünktlich um 22 Uhr die Jugendeinrichtung zu verlassen, handelt auch aus durchaus eigennützigen Motiven – sie möchte Feierabend machen.
- Eine familiäre Abwaschregelung dient der Entlastung der Eltern und nicht primär dem Wohl des Kindes.
- Und die Regel, dass die Schülerinnen und Schüler nicht mit dem Stuhl kippeln dürfen, schont auch den Etat der Schule und das Arbeitspensum des Hausmeisters – und nützt vielleicht erst in zweiter Linie der körperlichen Unversehrtheit der Kinder.

All diesen Regeln ist gemeinsam, dass sie den betroffenen Kindern und Jugendlichen viele Nachteile, aber keine unmittelbar einsichtigen Vorteile bescheren. Die Opfer, die ihnen die Einhaltung der jeweiligen Regeln abverlangen, werden es ihnen erschweren, deren Notwendigkeit und Sinnhaftigkeit einsehen zu können:

»Dämliche Regel. Was bringt die denn? Die ist doch total blöd und sinnlos!«

Selbst bei vielen Regeln, die Erwachsene tatsächlich zum Wohl der Kinder und Jugendlichen aufstellen, ist der Nutzen für die Betroffenen oft kaum erkennbar: Ein 14-jähriger Jugendlicher, der wochentags um 19 Uhr zu Hause sein muss, wird nicht nachvollziehen können oder wollen, dass diese Regelung seinem Schutz und Wohle dient. Die meisten Hausaufgaben in der Schule erscheinen den Schülerinnen und Schülern als Schikane und unnötige Belastung, nicht jedoch als Lernhilfe. Und auch die Begrenzung von Fernsehzeit oder Mediennutzung ist aus Sicht der betroffenen Kinder wenig einsichtig. Woher sollten sie wissen, dass übermäßiger Fernseh- und Videoclip-Konsum, Computerspielen und ähnliches negative Auswirkungen auf ihre Entwicklung haben kann? Das heißt: Selbst wenn Erwachsene die meisten Regeln zum Wohle der Kinder und Jugendlichen aufstellen, können diese den Nutzen dahinter oft nicht erkennen. Die fehlende Einsicht ist weniger ein Vermittlungs- als ein strukturelles Problem: Den Kindern und Jugendlichen fehlen Erfahrung und Weitblick.

Daraus folgt: Wir sollten uns durch ausführliche Begründungen zwar darum bemühen, dass unseren Kindern und Jugendlichen die von uns aufgestellten Regeln sinnvoll und notwendig erscheinen. Aber wir sollten – wie das folgende Beispiel zeigt – die Grenzen der Einsehbarkeit frühzeitig erkennen und Konsequenzen daraus ziehen:

»Tanja, ich möchte mit dir einen wichtigen Punkt klären: In der letzten Zeit hatten wir immer wieder lange Diskussionen darüber, wann du abends zu Hause sein sollst. Deswegen möchte ich mit dir die klare Regel vereinbaren, dass du innerhalb der Woche um 19 Uhr zu Hause bist.«

»Um 19 Uhr? Ist doch idiotisch. Sandra und Karin dürfen bis 20 Uhr draußen bleiben.«

»Das mag sein. Aber mir ist wichtig, dass wir gemeinsam essen und du einen ruhigen Tagesausklang hast.«

»Aber wir können doch um 20 Uhr essen. Und ich brauche keinen ruhigen Tagesausklang. Den habe ich draußen auch.«

»Ich möchte nicht so spät essen, weil ich erstens einen Riesenhunger habe und zweitens mir das Essen dann zu schwer im Magen liegt. Und was den Tagesausklang anbelangt: Ich möchte, dass du abends zur Ruhe kommst und nicht auf den letzten Drücker und aufgedreht ins Bett gehst.«

»Ich bin doch nicht aufgedreht.«

»Doch, das habe ich öfter beobachtet.«

»Das stimmt doch gar nicht.«

»Ich habe dir die Gründe genannt und trage die Verantwortung. Deswegen gilt: Innerhalb der Woche bist du um 19 Uhr zu Hause. Die Regel gilt bis zu deinem 15. Geburtstag. Danach wird sie erweitert.«

»Aber ich weiß doch selbst, was gut für mich ist. Ich bin schließlich für mich selbst verantwortlich.«

»Keine Diskussion: Die Regelung gilt.«

»Aber wieso dürfen die anderen länger bleiben? Sind deren Eltern verantwortungslos, oder was? Du bist total spießig!«

»Mag sein. Aber hier gelten andere Regeln, und eine davon lautet: Innerhalb der Woche bist du um 19 Uhr zu Hause.«

»Wenn ihr wüsstet, wie bescheuert ich euch finde …«

(Türenknallen – und Tanja ward nicht mehr gesehen – bis 19:05 Uhr …)

Derartige Konflikte um sensible Regeln werden in der Realität natürlich länger dauern, als wir es hier dargestellt haben. Aber wir möchten Ihnen mit unserer verkürzten Wiedergabe lediglich Prinzipien von Konfliktverläufen aufzeigen.

Der Vater hat im Laufe des Prozesses der Regelaufstellung erkannt, dass er bei seiner Tochter keine Einsicht in die Sinnhaftigkeit und Notwendigkeit dieser Regel erzielen wird. Also ist er zum nächsten Punkt übergegangen: Einsicht in die Gültigkeit der Regel erlangen. Er hat die Regel gesetzt und durch klare Worte deutlich gemacht, dass er nicht gewillt ist, über die Regel weiterzuverhandeln, sondern dass sie ab heute gilt.

Ein Vergleich mit dem Fußballspiel soll diese Vorgehensweise erläutern: Ein Fußballspieler hat ungeachtet seiner Einsicht in die Notwendigkeit und Sinnhaftigkeit jeder einzelnen Regel sowohl das komplette Regelwerk als auch den Schiedsrichter als darüber wachende Autorität anzuerkennen. Sieht der Spieler ein, dass die einzelnen Regeln auch sein persönliches Verletzungsrisiko minimieren und ein Fußballspiel attraktiv und fair machen – umso besser. Womöglich wird er dadurch seltener Foul spielen. Aber in letzter Konsequenz ist seine Einsicht in den Sinn einer Regel nicht maßgeblich. Er hat lediglich einzusehen, dass die Regeln gelten und der Schiedsrichter die Instanz ist, die die Gültigkeit durchsetzt. Bei fortgesetzter Nichtbeachtung erhält er Spielverbot.

Für das Zusammenleben mit Kindern und Jugendlichen bedeutet das: Sollte sich herausstellen, dass wir im Prozess der Regelaufstellung das Maximalziel (Einsicht in den Sinn erzielen) verfehlen, beschränken wir uns darauf, durch klares Auftreten die Einsicht in die Gültigkeit der Regel zu erlangen.

Amtsautorität – Persönliche Autorität – Autoritäres Verhalten

Nach einem Regelverstoß müssen Sie Stellung beziehen. Sie können sich nicht hinter einer Regel verstecken, sondern müssen sich selbstbewusst vor sie stellen – gerade dann, wenn sie übertreten wird. Ihre *persönliche Autorität* ist dann gefragt. Persönliche Autorität ist aber keine »natürliche« Eigenschaft von Ihnen, sondern Sie müssen sie erwerben. Sie können sie nicht »kaufen«, vielmehr wird persönliche Autorität »verliehen« oder auch wieder »entzogen« – und zwar genau von denjenigen, die Sie führen und anleiten, erziehen und beaufsichtigen: von Ihren Kindern und Jugendlichen. Soziologisch betrachtet ist persönliche Autorität eine Zuschreibung – ähnlich wie Respekt. Strenggenommen müsste man daher sogar sagen, dass niemand von uns persönliche Autorität hat, sondern es handelt sich um eine besondere Qualität von Beziehung – so wie auch niemand von uns einfach so »Respekt hat«. Sind Sie beispielsweise Lehrerin oder Lehrer an einer Schule, besitzen Sie ein Dokument, auf dem verbrieft ist, dass Sie Ihre Schülerinnen und Schüler zu leiten haben – das Papier verleiht Ihnen *Amtsautorität.* Doch Papier ist bekanntlich geduldig, und die Amtsautorität führt nicht zwangsläufig dazu, dass Ihnen von den Schülerinnen und Schülern auch persönliche Autorität verliehen wird – Sie müssen sie sich erst noch erwerben. Sollte Ihnen das nicht gelingen, dann übernehmen die Kinder oder Jugendlichen das Kommando in der Klasse, haben Oberwasser und tanzen Ihnen auf der Nase herum.

Wird eine Amtsautorität nicht mit persönlicher Autorität gefüllt, wird das Amt zwar bekleidet, aber nicht verkörpert.

Und nun schauen Sie sich im Kontrast dazu einmal Ihre Kollegin an, die sich in ihrer Klasse vor die Schülerinnen und Schüler stellt, diese fest anschaut und sie zur Ruhe auffordert: Die Jugendlichen verstummen. Was hat Ihre Kollegin, was Sie offensichtlich nicht haben? Charisma? So hoch müssen wir die Lorbeeren gar nicht hängen. Ihre Kollegin hat es in den letzten Wochen und Monaten durch viele kleine Handlungen und in vielen kleinen Konflikten geschafft, persönliche Autorität zu erwerben. Sie hat sich im Umgang mit ihrer Klasse durchsetzungsstark und wertschätzend verhalten. Die Schülerinnen und Schüler haben ihr Verhalten beobachtet, bewertet und ihre Schlüsse daraus gezogen: Sie zollen ihrer Lehrerin Respekt und verleihen ihr persönliche Autorität. Und wenn die Lehrerin sich jetzt vor diese Gruppe von Jugendlichen stellt und um Ruhe bittet, kommt die ihr zugesprochene persönliche Autorität zum Tragen: Die Schülerinnen und Schüler werden vergleichsweise schnell ruhig.

Doch auch sie kann sich nicht entspannt zurücklehnen: Denn Kinder und Jugendliche »verleihen« Autorität immer nur auf Zeit.

Regelverstöße stellen ideale Möglichkeiten dar, die persönliche Autorität einer Amtsperson zu testen.

Also steht die Lehrerin vor der Aufgabe, sich ihre persönliche Autorität durch entsprechendes Verhalten bei jeder Regelverletzung neu zu sichern. Immer wieder testen die Schülerinnen und Schüler ihre »Tagesform« und fragen sich: Wie ist es mit ihrer Klarheit heute beschaffen?

Habe ich eine Chance, meine Bedürfnisse durch einen Regelverstoß durchzusetzen? Natürlich ist es hilfreich, dass die Lehrerin von ihrer Klasse prinzipiell als Autorität anerkannt wird. Aber mit der prinzipiellen Verleihung von Autorität verhält es sich ähnlich wie mit der prinzipiellen Einsicht in die Sinnhaftigkeit einer Regel: Sie funktioniert nicht immer, aber immer öfter! Persönliche Autorität steht ständig auf dem Prüfstand und kann jederzeit wieder entzogen werden.

Zugegeben: Der Prozess des Erwerbs von persönlicher Autorität ist mühsam und kostet die Lehrerin Zeit, Kraft und Nerven. Bei jedem Regelverstoß steht sie vor einer neuen Herausforderung, der sie sich stellen muss. Aber das ermutigende Ergebnis ist in Sicht. Denn sobald sie sich die persönliche Autorität erworben hat, reduziert sich ihr Stressfaktor erheblich: Die Regelverstöße werden seltener und nehmen einen weniger heftigen Verlauf. Konsequentes und wertschätzendes Verhalten mindert und mildert die Konflikte um die täglichen Regelverstöße.

Jetzt lässt sich natürlich einwenden, dass auch ein Lehrer, der an einer Schule bekannt ist als »harter Hund«, vor die Klasse treten und die Schülerinnen und Schüler mithilfe seines *autoritären Verhaltens* bändigen kann. Das Ergebnis, so scheint es, ist dasselbe wie bei der Lehrerin aus dem vorigen Beispiel: Die Klasse ist binnen Sekunden still. Doch wenn man genauer hinschaut, kann man Unterschiede entdecken zwischen der Verleihung von Autorität seitens der Schülerinnen und Schüler einerseits und deren Furcht vor autoritärem Lehrerverhalten andererseits:

- Bei der Lehrerin wird die Klasse ruhig, weil die Schülerinnen und Schüler ihre Lehrerin respektieren – beim autoritären Lehrer sind sie mucksmäuschenstill, weil sie Angst vor ihm haben.
- Die Schülerinnen und Schüler verleihen ihrer Lehrerin Autorität, weil sie neben deren fachlicher vor allem auch deren emotionale Kompetenz schätzen – beim »harten Hund« verstummt die Klasse, weil sie bereits Einblick in seine »psychische Waffenkammer« bekommen hat.
- Im Falle der Lehrerin bildet wechselseitige Wertschätzung die Grundlage des Schüler-Lehrer-Verhältnisses – beim autoritären Lehrer herrscht Grabesruhe, weil die Klasse dessen entwertendes und verletzendes Verhalten fürchtet.
- Die Lehrerin hat ein gutes und vertrauensvolles Verhältnis zu ihren Schülerinnen und Schülern – das Klima in der Klasse des autoritären Lehrers ist durch die permanente Anwesenheit von Angst vergiftet.
- Bei Regelverstößen kritisiert die Lehrerin stets nur das konkrete Verhalten, niemals jedoch die Person des betreffenden Schülers – der »harte Hund« startet in den gleichen Situationen häufig Angriffe auf die ganze Person des Schülers: »Das ist ja mal wieder typisch«, »Hätte ich auch nicht anders von dir erwartet«, »Nichts im Kopf, aber …« usw.
- Persönliche Autorität basiert auf wechselseitiger Anerkennung – autoritäres Verhalten setzt auf einseitige Erniedrigung.
- Die Verleihung von Autorität führt die Klasse freiwillig durch – das Ducken vor einem autoritären Lehrer wurde von diesem erzwungen.

Das bedeutet: Persönliche Autorität kann niemals erzwungen werden. Nicht, dass ein falsches Bild von der Lehrerin entsteht, der die Schülerinnen und Schüler persönliche Autorität zusprechen: Sie verhält sich keineswegs antiautoritär! Sie kann im Gegenteil sogar als sehr streng in dem Sinne gelten, dass sie Regeln aufstellt und deren Beachtung konsequent einfordert. Aber ihre Strenge basiert stets auf der Wertschätzung gegenüber ihren Schülerinnen und Schülern – und das spüren sie. Und nur, wenn die Lehrerin ihre Klasse respektiert, und nur, wenn sie auf autoritäres (= erniedrigendes) Verhalten weitgehend verzichtet, wird sie ihrerseits von der Klasse respektiert. Das Beispiel zeigt: Ob wir Lehrer oder Erzieherin, Sozialarbeiterin oder Elternteil sind – bei aller Durchsetzungsfähigkeit im Umgang mit Regeln sollte immer die generelle Wertschätzung der regelverletzenden Kinder und Jugendlichen die Grundlage unseres Verhaltens bilden. Dabei muss Wertschätzung nicht heißen, dass wir eine regelverletzende Person mögen oder gar lieben müssen. Die minimale Anforderung an Wertschätzung bedeutet aber, dass sie auch freitags in der sechsten Stunde oder nach einem harten Arbeitstag ein Anrecht auf eine respektvolle Bearbeitung des Konflikts hat – wie schwer ihr Regelverstoß oder wie respektlos ihre anschließende Attacke auch sein mag!

Respekt und Wertschätzung bilden auch die Basis des *Modells der kontrolliert-eskalierenden Beharrlichkeit (KEB-Modell)*, das wir Ihnen in den folgenden Kapiteln vorstellen werden. Unsere Strategie ist durchgehend wertschätzend in dem Sinne, dass eine regelverletzende Person in keiner Phase des Konflikts persönlich abgewertet und verletzt wird. Jeder Baustein der Strategie ist frei von autoritären (= erniedrigenden und/oder herabwürdigenden) Verhaltensweisen. Wenn Sie die einzelnen Schritte konsequent umsetzen, kann es zwar sein, dass Sie als »streng« gelten, aber bestimmt nicht als ungerecht, despotisch, selbstgerecht, verletzend oder ausfallend. Ihre Kinder und Jugendlichen werden Angst vor den Konsequenzen haben, die in letzter Instanz nach einem Regelverstoß auf sie zukommen können. Doch sie werden nicht Sie als Person fürchten. Die Beziehung zwischen Ihnen und Ihren Kindern und Jugendlichen bleibt respektvoll.

Vermutlich werden Sie bei dem ein oder anderen Regelverstoß oder bei so mancher Konsequenz, die wir in unserem Buch beispielhaft dokumentieren, denken: »Na ja, die Regel ist ganz schön hart«, oder auch: »Der Regelverstoß ist doch gar nicht so schlimm.« Völlig klar, dass wir alle unsere eigenen Empfindlichkeiten und Schwerpunkte haben: Den einen stört die laute Musik im Zimmer der Tochter, die andere empfindet die gleiche Phonzahl als Ausdruck von Lebendigkeit in der gemeinsamen Wohnung. Manche Eltern plädieren bei ihrer pubertierenden Tochter für ein rigides und enges Korsett aus Regeln, andere lassen ihren Sprösslingen freieren Lauf. Denn nicht nur wir Erwachsenen, sondern auch jedes Kind und jeder Jugendliche ist anders und benötigt daher individuell abgestimmte Grenzen und Hilfestellungen.

Sämtliche Fallbeispiele sind so gewählt, dass sich daran lediglich idealtypische Vorgehensweisen aufzeigen lassen. Verstehen Sie daher bitte sämtliche Regeln und Konsequenzen, die wir in unserem Buch aufzeigen, nur als exemplarische Beispiele, die wir den unterschiedlichsten privaten und beruflichen Bereichen entnommen haben – nicht jedoch als Empfehlung zur konkreten Umsetzung. Empfehlen möchten wir Ihnen nur den daran vorgestellten Umgang mit Regelverstößen, nicht die jeweiligen Regeln selbst.

Und im Zweifelsfall gilt immer noch der alte Grundsatz: »Ausnahmen bestätigen die Regel« – auch und gerade in der Pädagogik.

Fazit

1. Ein Regelverstoß ist das Ergebnis einer unbewusst vorgenommenen Kosten-Nutzen-Abwägung. Um also Regelverstöße zu vermeiden, müssen die Nutzen minimiert und/oder die Kosten durch geeignete Konsequenzen erhöht werden.
2. Eine als sinnvoll und notwendig erachtete Regel wird seltener überschritten als eine uneinsichtige.
3. Daher ist es beim Aufstellen einer Regel ratsam, durch Erklärungen und Begründungen Einsicht in den Sinn einer Regel zu erzielen.
4. Bei offensichtlicher Uneinsichtigkeit in den Sinn einer Regel besteht das Minimalziel darin, Einsicht in deren Gültigkeit zu erzielen.
5. Persönliche Autorität muss durch konsequentes und wertschätzendes Konfliktverhalten erworben werden. Die erworbene Autorität wiederum erleichtert das Vertreten von Regeln.

Das KEB-Modell: Techniken

In den folgenden Kapiteln werden wir Ihnen einige Basistechniken vorstellen, die Ihnen wichtige Hilfestellungen bei der Bewältigung von Konflikten nach Regelverstößen geben können. Wir werden die Techniken analytisch in drei große Bereiche unterteilen – wissend, dass sie in der Praxis eine unauflösbare Einheit bilden:

- mentale Techniken
- verbale Techniken
- körpersprachliche Techniken

Das erste Kapitel über die mentalen Techniken ist zugleich das Fundament, auf dem die verbalen und nonverbalen Techniken aufbauen. Wenn die innere Haltung in einem Konflikt nach einem Regelverstoß nicht stimmig ist, bricht das darüber liegende Gebäude beim kleinsten Lufthauch – dem fortgesetzten Widerstand des Kontrahenten – wie ein Kartenhaus in sich zusammen. Umgekehrt werden Sie aber auch sehen, dass Ihnen die vorgestellten verbalen und körpersprachlichen Techniken helfen werden, innerlich gelassener, fester und sicherer in einen Konflikt hineingehen zu können.

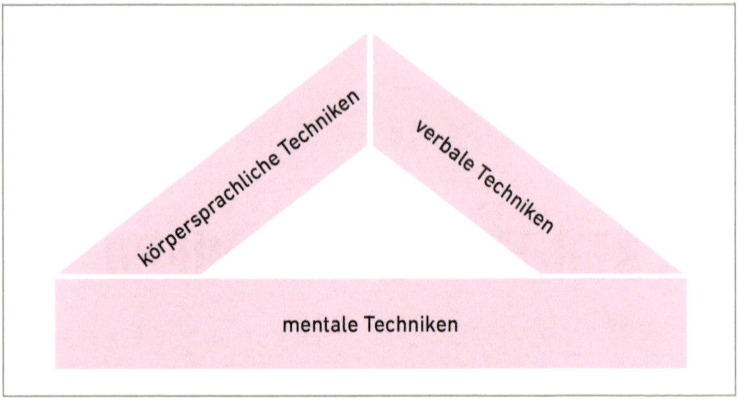

Die innere Haltung – mentale Techniken

Die Erfahrung lehrt uns: Gegen jede Regel wird mehr oder weniger häufig verstoßen. Denn wie wir gezeigt haben, steckt hinter fast jedem Verstoß der Wunsch der regelverletzenden Person, sich ein oder mehrere Bedürfnisse zu erfüllen:

- Eine schwätzende Schülerin im Unterricht möchte nicht den Lehrer verärgern, sondern ihrem Bedürfnis nach Ablenkung und Unterhaltung nachkommen.
- Ein nach Eis schreiendes Kind im Supermarkt will nicht primär die Mutter belästigen, sondern seinen Heißhunger nach Süßem stillen.
- Ein Jugendlicher, der seine Kippe im Jugendzentrum auf dem Boden ausdrückt, möchte nicht den Sozialarbeiter verstimmen. Er ist vielmehr achtlos, hat abweichende Ordnungs- und Sauberkeitsgewohnheiten oder will mit seiner »Coolness« den Kumpels und Mädchen imponieren.

Wer einen Regelverstoß persönlich nimmt, der scheitert an etwas allzu Menschlichem: den eigenen Nerven.

Aus der Distanz und mit der nötigen Gelassenheit fällt uns eine nüchterne Betrachtungsweise der Regelverletzungen unserer Kinder und Jugendlichen leicht: Wir können ihre eigentlichen Bedürfnisse hinter den Regelverstößen erkennen und durchaus sehen, dass ihr Verhalten nicht absichtlich provokant und gegen uns gerichtet ist.

Doch in der Hektik des Alltags scheint unsere analytische oder einfühlsame Sicht der Dinge oft wie weggeblasen. Wir fühlen uns durch eine Regelverletzung persönlich angegriffen und schießen zurück:

- Wir empfinden das Gespräch zwischen zwei Schülern im Unterricht als persönlichen Angriff, denn schließlich stellen sie unseren spannenden Unterricht in Frage: »Dämliche Ignoranten.«
- Das weinende Kind führt uns in der Öffentlichkeit des Supermarkts als pädagogische Versager vor: »Kleiner, aufsässiger Schreihals.«
- Der Jugendliche mit seiner weggeworfenen Kippe stellt unsere Toleranz auf eine harte Probe: »Umwelt-Ignorant« beziehungsweise »Möchtegern-Cooler.«

Schon ist es vorbei mit der Gelassenheit, der Souveränität und der Selbstsicherheit im Konflikt: Wir fühlen uns persönlich angegriffen und fahren aus der Haut. Und welche coolen Sprüche schallen uns ausgerechnet von denen entgegen, die die jeweilige Regel missachten?

»Bleib locker, Alter!«, »Ey, immer cool bleiben!«, »Chill ma' deine Basis« oder auch »Nun bleiben Sie doch mal geschmeidig!« Unsere kleinen und großen Kontrahenten entlarven unsere Aggressivität und Verbissenheit als das, was sie in Wirklichkeit sind: Ausdruck von Anspannung und Stress, aber auch von Unsicherheit, Hilflosigkeit und Angst. Von wegen »Gelassenheit siegt« – wir sind »tief verspannt im Hier und Jetzt«.

Wieder drängt sich eine Analogie zum Fußball auf: Glauben Sie, auch nur ein Fußballspieler foult einen Gegner, um es dem Schiedsrichter »zu zeigen«? Wohl kaum! Manche Fouls passieren unabsichtlich, hinter allen anderen Regelverstößen steckt das Bedürfnis, sich und der eigenen Mannschaft einen Vorteil zu erkämpfen oder aber einen vorteilhaften Spielzug des Gegners zu vereiteln. Ein Schiedsrichter, der einen Regelverstoß persönlich nimmt, ist ein schlechter Leiter eines Spiels und hat seinen Job nicht verstanden. Und selbst das Meckern und die Beleidigungen eines Spielers, dem der Unparteiische die gelbe oder gar rote Karte gezeigt hat, darf er nicht persönlich nehmen – wohl aber mit klaren Gesten und konsequentem Verhalten ahnden.

Also: Wir sollten einen Regelverstoß möglichst gelassen hinnehmen und hinter die Fassade der regelverletzenden Person schauen. Dann können wir erkennen, dass fast alle Grenzverletzungen und Regelverstöße nicht in provokativer Absicht geschehen und keineswegs gegen uns gerichtet sind. In aller Regel geht es den betreffenden Kindern und Jugendlichen um die Erfüllung von Bedürfnissen.

Immer locker bleiben

»Gelassenheit siegt« – im Konflikt leichter gesagt als getan. Eine unparteiische Person in Schwarz muss nur neunzig Minuten pro Spieltag gelassen bleiben, Eltern oder Pädagoginnen und Pädagogen dagegen über viele Tage, Wochen, Monate und Jahre hinweg – und das häufig sogar im Minutentakt. Wie soll das gehen?

> »Tobias, wir sind in der Stillarbeitsphase. Bitte konzentriere dich auf den Unterricht und höre auf, mit Marcel zu reden.«
> »Aber ich war das nicht. Marcel hat mich gerade was gefragt.«

»Tobias, ich habe es satt. Permanent muss ich dich ermahnen. Und immer versuchst du, dich rauszureden.«
»Das stimmt gar nicht. Marcel wollte wissen, wie die Aufgabe geht.«
»Willst du mich für dumm verkaufen? Das wäre das erste Mal, dass du über Mathematik sprichst. Hör auf zu quatschen und damit Schluss!«
»Das stimmt wirklich. Sie können ja Marcel fragen.«
»Schluss mit dem Theater. Du fliegst gleich raus!«
»Immer ich. Bei der kleinsten Kleinigkeit krieg ich einen drüber. Andere reden auch, aber die machen Sie nicht direkt so an.«
»Willst du auch noch frech werden? Du gehst sofort vor die Tür und bleibst dort stehen, bis die Stunde vorbei ist.«

Wir können uns aus dem laufenden Konflikt, der sicher noch weitere Kreise nach sich ziehen wird, ausblenden. Bereits dieser kurze Disput zwischen Schüler und Lehrer bietet genügend Material für genauere Analysen, wie man in einem Konflikt um einen Regelverstoß sicher scheitern kann:

1. Der Lehrer beobachtet, wie Tobias sich mit seinem Tischnachbarn unterhält. Diese Unterrichtsstörung scheint den Lehrer noch nicht persönlich zu treffen, denn seine erste Ansprache an den Schüler erfolgt sachlich und unaufgeregt: »Tobias, wir sind in der Stillarbeitsphase. Bitte …«
2. Unterstellen wir, dass Tobias sich ertappt fühlt und Angst vor den Konsequenzen seines Regelverstoßes hat. Also versucht er, mithilfe von Ausreden möglichst ungeschoren aus dem Konflikt herauszukommen: »Es waren Fragen zum Unterricht« und »Marcel hat mich gefragt.« Tobias wird diese Ausreden als kleine und harmlose Schutzbe-

Schutzbehauptungen und Notlügen dienen dem Schutz vor Sanktionen: »Ich bin nicht schuld.«

hauptungen bagatellisieren, mit deren Hilfe er möglichst sanktionsfrei die konflikthafte Situation überstehen möchte.

3. Die nun folgende Verallgemeinerung des Lehrers (»Tobias, ich habe es satt. Permanent muss ich dich ermahnen. Und immer versuchst du, dich rauszureden.«) ist manch leidgeprüftem Pädagogen sehr vertraut. Aber selbst wenn die Aussage stimmt – im konkreten Konflikt wirkt sie kontraproduktiv. Denn diese Form von Verallgemeinerung ist nicht mehr eine Kritik des konkreten Regelverstoßes und demnach des Verhaltens, sondern dahinter verbirgt sich eine Abwertung und somit ein indirekter Angriff auf die Person des Schülers: »Du bist ein undisziplinierter und unehrlicher Mensch« statt »Du verhältst dich gerade undiszipliniert und unehrlich.« Ein empfundener Angriff auf seine Person wiederum kann für den Schüler leicht zum Freibrief für eigenes aggressives und entwertendes Verhalten werden, nach dem Motto: »Wenn der Lehrer sowieso nichts von mir hält, muss ich mich auch nicht bemühen.« Druck erzeugt Gegendruck!
4. Im nächsten Schritt interpretiert und bewertet der Lehrer die »kleinen Schutzbehauptungen« des Schülers als dreiste Lüge. Die Wortwahl und der erregte Tonfall seiner Entgegnung zeigen, dass er sie persönlich nimmt: »Willst du mich für dumm verkaufen?« Offensichtlich fühlt sich der Lehrer durch die Notlüge des Schülers verletzt. Wie sonst ließe sich erklären, dass er seinerseits den Schüler beleidigt und entwertet: »Das wäre das erste Mal, dass du über Mathematik sprichst.« Dem Lehrer geht es mit dieser scharfen Antwort um die Vergeltung einer erfahrenen Kränkung. Neben das Interesse an einem störungsfreien Unterricht tritt das Interesse, es dem Schüler heimzuzahlen. Wir beobachten aufseiten des Lehrers den Beginn einer Motivverschiebung im Konflikt: Er kämpft darum, sein Gesicht beziehungsweise seine Autorität wahren zu können.

5. Der Schüler hört den scharfen Unterton und die Beleidigungen des Lehrers. Für ihn erscheinen dessen Entwertungen als völlig unangemessen. Noch einmal versucht er, seine Notlüge durchzubringen (»Sie können ja Marcel fragen«). Als der Lehrer erneut schwere Geschütze auffährt (»Du fliegst gleich raus!«), platzt auch dem Schüler der Kragen: »Immer ich.« Völlig ungerechtfertigt sieht er sich in die Ecke gedrängt, persönlich angegriffen und entwertet. Ergebnis: Auch er kämpft wie ein verletztes Tier um sein Gesicht, seine Ehre und seinen coolen Status in der Klasse – ein klassischer Machtkampf!

Wer in einem Konflikt verletzend wird, fühlt sich vom Kontrahenten verletzt.

In diesem Konflikt ist es völlig müßig, die Schuldfrage zu stellen. Schüler wie Lehrer haben ihre jeweils eigene Sichtweise des Konflikts und sehen sich beide als Opfer der Unverschämtheiten des anderen. Der Lehrer wird anführen, dass es schließlich der Schüler gewesen sei, der durch Regelverstoß und Lüge den Konflikt ausgelöst habe. Tobias wiederum wird kontern, dass der Lehrer etwas gegen ihn habe und damit gegen das Gesetz der Gleichbehandlung verstoße. Unschwer ist zu erkennen, dass es den beiden Kontrahenten gegen Ende der Auseinandersetzung nicht mehr um die Regel geht, sich in der Stillarbeitsphase ruhig zu verhalten: Lehrer wie Schüler kämpfen um die Wahrung ihres Gesichts – um Ehre, Autorität, Selbstwert und Status. Sie benutzen die Mittel der Verletzungen und Herabstufungen des Gegenübers, um diesen Kampf möglichst als Sieger zu beenden. Und beide haben zu Recht das Gefühl, dass der jeweilige Konfliktpartner den anderen mit seinen Verletzungen persönlich treffen will. Denn ein derartiger Kampf ist stets gespickt mit wechselseitigen Angriffen, die mit zunehmender Eskalation immer persönlicher werden:

- In den Augen des Schülers ist der Lehrer ein ungerechter und autoritärer Scharfrichter, der nicht einmal in der Lage ist, einen interessanten und möglichst spannenden Unterricht durchzuführen. Die Vorgehensweise des Lehrers empfindet der Schüler als willkürlich: »Der Typ spinnt!«
- Und in den Augen des Lehrers ist Tobias ein fauler und arroganter Schüler, der ihn mit seiner Frechheit provozieren will: »Immer der!«

Die Entwertung des Kontrahenten dient der eigenen Aufwertung – und dessen Verletzung der eigenen Heilung.

Je stärker ein derartiger Konflikt eskaliert, desto negativer wird das Bild, das man sich vom jeweiligen Gegenüber macht. Als logische Konsequenz lässt man den vermeintlichen Gegner möglichst deutlich spüren, was man von ihm hält – nämlich nichts! Schließlich geht es in einem Kampf darum, den anderen zu besiegen. Also werden die Schwachstellen des Gegenübers gesucht, um diesen genau dort zu treffen.

Wenn wir diese Szene auf den Fußballplatz übertragen, so wirkt sie vollkommen absurd: Ein Fußballer begeht ein mittelschweres Foul. Der Schiedsrichter unterbricht das Spiel und ermahnt den Spieler. Es ergibt sich folgender Dialog:

»Da war überhaupt nichts. Der andere hat an meinem Trikot gezogen. Ich habe überhaupt nichts gemacht.«
»Ich kann's nicht fassen. Schon wieder Sie. In jedem Spiel versuchen Sie es aufs Neue …«
»Aber ich war es wirklich nicht …«
»Wollen Sie mich für dumm verkaufen? Das wäre ja das erste Mal, dass Sie fairen Fußball spielen.«
»Sie können ja den Linienrichter fragen.«
»Dafür gibt's die gelbe Karte.«

»Immer ich. Ich muss mich nur auf dem Platz warmlaufen und schon bekomme ich von Ihnen eine Verwarnung. Wenn andere Spieler das Gleiche machen, werden sie nicht einmal ermahnt. Sie haben was gegen mich.«

»Für diese Frechheiten kriegen Sie die rote Karte, Sie Idiot! Verlassen Sie sofort das Spielfeld!«

Die für eine Regel verantwortliche Person muss jedem regelverletzenden Kontrahenten gleichermaßen sachlich begegnen.

Ein Schiedsrichter, der sich in dieser Art gegenüber einem Spieler verhält, arbeitet unprofessionell. Er darf nicht den Fehler machen, sich persönlich angegriffen zu fühlen oder gar durch eine Retourkutsche einen Konflikt anzuheizen. Eine persönliche Entgegnung wie im oben skizzierten Beispiel würde der von ihm geforderten Neutralitätspflicht und Professionalität widersprechen. Natürlich muss er Beleidigungen seitens eines Spielers ahnden – aber wahrscheinlich würde es durch ein professionelles schiedsrichterliches Vorgehen gar nicht erst zur Eskalation des Konflikts kommen.

Kehren wir zurück ins Klassenzimmer: Nach der Entgegnung von Tobias, nicht er, sondern sein Kumpel Marcel habe den Dialog während des Unterrichts begonnen, hätte der Lehrer – ähnlich wie ein professioneller Schiedsrichter – auf jede persönliche Herabsetzung (»Das wäre das erste Mal, dass du über Mathematik sprichst«) verzichten sollen:

»Tobias, konzentriere dich auf den Unterricht und höre auf, mit Marcel zu reden.«

»Aber ich war das nicht. Marcel hat mich gerade was zum Unterricht gefragt.«

»Ich weiß, was ich gesehen habe. Und das gilt für alle: Keine Nebengespräche mehr, ist das klar?«

»Aber ich war das wirklich nicht.«

»Tobias, ist das klar?«
»Ja!«
»Marcel, das gilt auch für dich.«
»Ja.«

Der Lehrer hat souverän reagiert und die vermeintliche Lüge von Tobias als das behandelt, was sie wahrscheinlich auch war: die Schutzbehauptung eines Schülers, der Sanktionen vermeiden wollte. Den Nebenschauplatz des Konflikts (»Aber ich war das nicht. Marcel …«) hat der Lehrer mit professioneller Distanz behandelt (»Ich weiß, was ich gesehen habe …«) und sich anschließend auf den Hauptkonflikt konzentriert – die störenden Nebengespräche während des Unterrichts. Er hat durch diese Besinnung auf seine Kernbotschaft (Die Regel gilt! = »Keine Nebengespräche«) und den Verzicht auf Herabstufung des Schülers erreicht, dass aus dem Konflikt kein Machtkampf wurde. Mit Klarheit und Zielstrebigkeit hat er dafür gesorgt, dass die Regel nach dem kurzen Verstoß seitens des Schülers wieder gilt.

Bei einem Regelverstoß geht es stets um den wichtigsten Punkt – die Beachtung der Regel.

Keine Frage: Freitags in der sechsten Schulstunde fällt diese Form der Konfliktbearbeitung nicht leicht. Sie erfordert innere Gelassenheit – und Übung! Schränken wir also ein: »Immer locker bleiben« – nicht immer, aber immer öfter. Arbeiten wir an unserer Gelassenheit und Professionalität, wissend, dass wir auch scheitern dürfen. Notwendige Voraussetzung für Gelassenheit ist, dass wir innerlich aus der Schusslinie treten, indem wir die eigentlichen Bedürfnisse erkennen, die unsere Kontrahenten zur Regelverletzung verleiten. Wir werden bei nüchterner Betrachtung feststellen, dass wir in den seltensten Fällen die eigentlichen Adressatinnen und Adressaten der jeweiligen Regelverstöße sind.

Ein Konflikt wird zum Vorgang

Eine unparteiische Person hat nach einem Regelverstoß auf dem Spielfeld klar und eindeutig, aber nicht emotional zu reagieren. Auch wir »Schiedsrichterinnen und Schiedsrichter« in Elternhaus und Schule, Heim und Jugendeinrichtung sollten neutral und gelassen bleiben, wenn Kinder und Jugendliche die von uns aufgestellten Regeln missachten. Professionelles Verhalten angesichts eines Regelverstoßes ist maßgeblich eine Frage der eigenen inneren Haltung, und diese wiederum lässt sich bewusst einnehmen.

Für das Einnehmen einer professionellen Haltung ist die klare Unterscheidung zwischen Regelverstößen und gezielten Grenzverletzungen hilfreich. Wir sollten uns immer wieder deutlich machen, dass sich Regelverstöße in einem zentralen Punkt von gezielten Grenzverletzungen unterscheiden: Wer bewusst oder unbewusst die Grenze einer anderen Person überschreitet, dringt fahrlässig oder mutwillig in ihr Territorium ein und verletzt dadurch immer auch deren Gefühle.

Überlaute Musik der Tochter verletzt eine Grenze des Vaters. Sein Ruhebedürfnis wird missachtet, er wird nervös, unruhig und schließlich sauer. Doch die Tochter wollte ihren Vater nicht verletzen – sie wollte lediglich ihre Lieblingsmusik in voller Lautstärke genießen. Um die Verletzung der väterlichen Grenzen in Zukunft zu vermeiden, hilft die Festlegung von Lautstärke-Regeln: Nach der Implementierung der Regel über die Lautstärke wird die dröhnende Musik der Tochter fortan nicht mehr als ein persönlicher Angriff auf die väterlichen Nerven behandelt, sondern als ein Verstoß gegen die getroffene Vereinbarung.

Ein Konflikt um einen Regelverstoß ist kein persönlicher Streit, sondern ein sachlicher und schematisch ablaufender Vorgang: »Wenn … dann …«

Mithilfe der Regel tritt der Vater aus der Schusslinie und wechselt in dem Konflikt die Position. Er ist nicht mehr Kontrahent, sondern vielmehr ein professioneller Schiedsrichter, der notfalls auch Sanktionen verhängen kann. Er agiert in dem Konflikt als Stellvertreter eines Regelwerks, und nicht mehr als verärgerter, beleidigter und strafender Betroffener.

Ohne es auszusprechen, trifft der Vater mit dem Aufstellen einer Regel die folgende Vereinbarung mit seiner Tochter:

»Ich werde künftig deine laute Musik nicht mehr persönlich nehmen, sondern als einen Vorgang behandeln. Wenn du dich dafür entscheiden solltest, die Regel zu verletzen, indem du die Musik zu laut aufdrehst, wirst du auch die Folgen in Kauf nehmen müssen. Dafür werde ich einstehen. Ich werde mit einem klaren und berechenbaren Verhalten dafür sorgen, dass du die Konsequenzen deines Verhaltens tragen wirst.« Emotionaler Druck und persönliche Abwertungen, die wir aus vielen Konfliktverläufen kennen, entfallen bei diesem Vorgehen. Der Vater verwandelt sich hier gewissermaßen von einer Person in eine Institution.

Unterscheiden wir zwischen ciner gezielten Grenzverletzung und einem Regelverstoß, haben wir eine große Chance: Der Konflikt um die laute Musik wird von einem persönlichen Streit in einen gänzlich nicht emotionalen Vorgang umgewandelt, der nahezu zwangsläufig und personenunabhängig abläuft. Voraussetzung für diese Vorgehensweise ist allerdings, dass wir bei einem Regelverstoß, ähnlich einem Unparteiischen, möglichst neutral, sachlich, möglichst objektiv und vor allem auch emotional distanziert, klar und durchsetzungsfähig auftreten. Jede persönliche Kränkung der regelverletzenden Person muss unterbleiben.

Umgang mit Beleidigungen

Was aber, wenn sich in einem Konflikt um einen Regelverstoß mein Gegenüber nicht an die gebotene Entpersonifizierung des Konflikts hält und stattdessen ausfallend wird? Soll ich dann etwa ruhig bleiben und widerstandslos Kränkungen über mich ergehen lassen?

Das folgende Fallbeispiel zeigt anschaulich, wie notwendig und zugleich Erfolg versprechend es sein kann, in einem Konflikt die eigene Linie nicht aus den Augen zu verlieren und dabei selbst angesichts von Beleidigungen professionell zu bleiben.

»Papa, ich möchte fernsehen. Mir ist langweilig.«
»Wir haben eine Vereinbarung: Es gibt pro Tag nur eine Sendung. Wenn du jetzt den Fernseher anmachst, darfst du später kein Video mehr sehen.«
»Aber warum denn nicht, ich habe meine Hausaufgaben doch schon gemacht.«
»Eine Sendung pro Tag, mehr nicht.«
»Du bist blöd. Andere Kinder dürfen viel mehr sehen, nur ich nicht.«
»Du kennst die Regel.«
»Manno, du bist total streng und gemein. Tims Vater ist viel netter als du. Der spielt wenigstens mit Tim. Du nie!«
»Eine Sendung pro Tag.«
»Ich mach den Fernseher einfach an.«
»Kannst du machen, aber dann gibt's heute kein Video mehr.«
»Du bist total blöd.«
»Eine Sendung pro Tag, und keine mehr.«

Der Vater ist von seinem Kind mehrfach beleidigt worden. Und dennoch hat er diese Beleidigungen im Konfliktgespräch um den Fernsehkonsum einfach ignoriert und überhört. Er wusste: Jedes Eingehen auf die Beleidigungen hätte den Konflikt ausufern lassen. Dem Vater war es wichtiger, zunächst den zentralen Konflikt um die Regel des Fernsehens zu seinen Gunsten zu beenden und eventuell zu einem späteren Zeitpunkt auf die Beleidigungen zu sprechen zu kommen. Und wenn er seine Antennen ausfährt, kann der Vater spüren, dass aufseiten des Kindes einige Bedürfnisse unerfüllt zu sein scheinen, was das gemeinsame Spielen anbelangt: »Tims Vater ist viel netter als du. Der spielt wenigstens mit Tim. Du nie!« Diese Beleidigungen sind bei genauerer Betrachtung Hilferufe des Kindes, deren eigentliche Botschaft an den Vater lautet: »Ich brauche Zuwendung von dir! Nimm dir mehr Zeit für mich!« Der Vater sollte bei einem anschließenden Gespräch also den Akzent weniger auf die Sanktionierung der Beleidigungen legen, als sie als Hinweis zur Klärung tiefer gehender Beziehungsstörungen zu nehmen.

Doch Vorsicht, wir möchten keinen falschen Eindruck erwecken: Nicht jede Beleidigung ist ein Hilfeschrei. Hinter mancher Provokation und Beleidigung steckt, wie wir unten noch weiter beleuchten werden, strategisches Kalkül – sie dienen unserer Verunsicherung. Aber auch in diesen Fällen ist professionelle Gelassenheit ein bewährtes Mittel: Stellen wir unsere Ohren am besten auf Durchzug.

Gelassenheit in einem Konflikt heißt: sich nicht verletzt fühlen, aber auch nicht verletzen.

Niemand kann uns beleidigen, dem wir nicht die Macht dazu geben. Es ist immer unsere eigene Entscheidung, ob wir uns durch die Äußerung eines Kontrahenten verletzt fühlen – oder eben auch nicht. Und was die eigene Ausstrahlung betrifft: Das gelassene Überhören von Beleidigungen (in Verbindung mit dem konsequenten Verfolgen selbst gesteckter Konfliktziele!) wirkt häufig souveräner als das Eingehen auf die ausfallenden Bemerkungen des Kontrahenten. Wenn wir während eines Konflikts um einen Regelverstoß unser zentrales Ziel im Auge behalten (die Rückkehr zu regelkonformem Verhalten = Die Regel gilt), fällt es uns leichter, eine Beleidigung zu ignorieren.

Ge*lassen*heit heißt eben auch, dem Kind oder Jugendlichen seine oder ihre Beleidigungen zunächst (!) zu *lassen*, um das eigentliche Ziel weiterzuverfolgen: Die Gültigkeit der jeweiligen Regel! Außerdem bedeutet das »Überhören« von Beleidigungen ja nicht, dass wir alles mit uns machen lassen. Wir können – nach der Beendigung des aktuellen Konflikts – jederzeit auf die Beleidigungen zurückkommen, indem wir ein intensiveres Konfliktgespräch führen oder sogar Sanktionen verhängen.

Doch natürlich wollen wir nicht leugnen, dass es Situationen geben kann, in denen die Beleidigungen so heftig sind, dass wir sie nicht mehr ignorieren können und dürfen. Für diese Fälle empfiehlt sich die kurze und klare Begrenzung der Beleidigung. Hierzu ein Fallbeispiel aus einer Jugendeinrichtung:

»Wieso soll ich denn die Kippen aufheben? Wofür haben wir denn die Putzfrauen? Sollen die sich doch bücken. Wofür sind die denn da? Die stehen eh die meiste Zeit nur rum und quatschen …«

»Stopp! Pass gut auf, was du sagst. Wir dulden keinerlei Beleidigungen. Das weißt du! So, und jetzt heb bitte deine Zigarettenschachtel auf.«

»Stimmt doch, die werden doch dafür bezahlt …«

»Stopp!«

»Ja, ist ja gut.«

»Okay, und jetzt kommst du mit in mein Büro. Ich möchte das noch mit dir klären.«

»Wieso das denn?«

»Nicht hier, komm bitte mit.«

»Okay, okay.«

Im Büro wird die Sozialarbeiterin Klartext reden: Sie führt dem Jugendlichen die Grenzen seiner Sprüche und seines Handelns deutlich und unmissverständlich vor Augen und wird ihm Konsequenzen für den Wiederholungsfall androhen: »Bei der nächsten Beleidigung drohen Konsequenzen.«

Gelassenheit heißt nicht Gleichgültigkeit.

Fazit

1. Wir sollten einen Regelverstoß nicht persönlich nehmen. Schauen wir lieber hinter die Fassade der regelverletzenden Person. Dort können wir deren eigentliche Bedürfnisse entdecken.

2. Mit einem persönlichen Angriff gegen die regelverletzende Person verursachen wir eine Motivverschiebung: Die eigentliche Regelverletzung wird nebensächlich; der Konfliktpartner kämpft um seine Ehre, seine Würde und seinen Status – und wir um unsere Autorität. Es entstehen Machtkämpfe.

3. In einem Konflikt um einen Regelverstoß sollten wir nicht als persönlich betroffene Person, sondern als unparteiischer Schiedsrichter auftreten, der neutral und sachlich, aber auch klar und durchsetzungsfähig Regeln vertritt. Der Konflikt wird zu einem Vorgang, dessen Sachbearbeiter wir sind.

4. Während eines Konflikts um einen Regelverstoß ignorieren oder begrenzen wir die Beleidigungen unseres Konfliktpartners. Zu einem geeigneteren Zeitpunkt kommen wir gegebenenfalls in Form eines Konfliktgesprächs darauf zurück.

Die kaputte Schallplatte – verbale Deeskalations-Techniken

Im vorangegangenen Kapitel haben wir gezeigt, wie wichtig es ist, bei Regelverstößen professionell und gelassen zu bleiben, um Konflikt-Nebenschauplätze, Eskalationen und Motivverschiebungen zu vermeiden. Wir möchten Ihnen jetzt eine verbale Technik vorstellen, die Ihnen in einer Auseinandersetzung um einen Regelverstoß zu mehr Gelassenheit verhelfen kann: die »kaputte Schallplatte«. So, wie beim Abspielen einer defekten Schallplatte die Nadel des Plattenspielers immer wieder in die alte Rille zurückspringt und somit ständig die gleiche Musikphrase abspielt, so können Sie im Konfliktfall Ihr zentrales Anliegen, die Beachtung der vereinbarten und bekannten Regel, in Variationen wiederholen:

»Miriam, wir hatten vereinbart, dass du alle drei Tage dein Zimmer aufräumst. Heute ist der dritte Tag. Bitte räum es heute noch auf.«

»Aber Mami, ich wollte gerade raus zum Spielen. Und heute Abend habe ich Klavierunterricht. Ich mach es morgen, ja?«

»Alle drei Tage, so lautet die Regel. Also bitte erst aufräumen, dann darfst du sofort raus.«

»Aber heute ist so gutes Wetter. Morgen mache ich es bestimmt, versprochen.«

»Ich möchte das nicht diskutieren: Die Regel gilt: Komm, räum es bitte auf.«

»Aber ich bin doch schon verabredet: Lisa, Kim und Alex warten draußen auf mich. Nur eine einzige Ausnahme, bitte.«

»Keine Ausnahme. Räum bitte dein Zimmer auf.«

»Bitte, Mamilein.«

»Heute. Du kennst die Regel. Je schneller du aufräumst, umso eher bist du doch draußen. Räum es eben auf, dann kannst du doch raus.«

Unbeirrbar hat die Mutter auf ihrem Standpunkt beharrt, dass Miriam sich an die vereinbarte Aufräumregel zu halten hat.

Nur wer in Konflikten bei sich bleibt, wird nicht ausfallend und fährt nicht aus der Haut.

Eventuellen Diskussionen über das gute Wetter, die bereits erfolgte Verabredung oder eine Verschiebung der Aufräumaktion ist sie durch den ständigen Rückgriff auf ihr zentrales Anliegen (»Bitte beachte die Regel, räum dein Zimmer auf«) aus dem Weg gegangen.

Die Weichen für »Nebengleise« waren von ihrer Tochter bereits gestellt, doch die Mutter ist in der Spur geblieben.

Aber Vorsicht: Eine allzu sprichwörtliche Umsetzung des Bildes der kaputten Schallplatte kann in einem Konflikt zu einer emotionalen Distanzierung und damit verbundenen Eskalation führen:

»Miriam, wir hatten vereinbart, dass du alle drei Tage dein Zimmer aufräumst. Heute ist der dritte Tag. Bitte räum es heute noch auf.«

»Aber Mami, ich wollte gerade raus zum Spielen. Und heute Abend habe ich Klavierunterricht. Ich mach es morgen, ja?«

»Räum es auf.«

»Aber heute ist so gutes Wetter. Morgen mache ich es bestimmt, versprochen.«

»Räum es auf.«

»Aber ich bin doch schon verabredet: Lisa, Kim und Alex warten draußen auf mich. Nur eine einzige Ausnahme, bitte.«

»Räum es auf.«

»Bitte, Mamilein.«

»Räum es auf.«

»Mach' ich aber nicht! Du hast mir gar nichts zu sagen!«

Der Konflikt ist eskaliert und zu einem Machtkampf geworden; die Tochter fühlt sich persönlich angegriffen und schießt zurück. Denn die monotone Wiederholung des mütterlichen Wunsches wirkt roboterhaft, vermeidet jegliche Verbindlichkeit gegenüber der Tochter und lässt Wertschätzung vermissen. Und ihr durchgehender Befehlston trägt ebenfalls zur Eskalation bei. Die verbale Sturheit der Mutter hat Miriam verärgert. Sie bekommt das Gefühl, mit einer Maschine und nicht mit einem Menschen zu kommunizieren. Und die Aussichtslosigkeit ihres Unterfangens, die »Maschine Mutter« doch noch zum Einlenken bewegen zu können, wird ihr nicht nur ein Gefühl der Ohnmacht vermitteln, sondern sie vor allem auch wütend machen. Daher ist es ratsam, das Bild der kaputten Schallplatte nicht allzu wörtlich zu nehmen und die Wortwahl wie im ersten Beispiel zu variieren.

Die Technik der kaputten Schallplatte stellt eine ideale Möglichkeit dar, sich aller erdenklichen Ansprüche zu entledigen, in einem Konflikt um einen Regelverstoß möglichst kreativ, originell oder gar argumentativ überzeugend auftreten zu wollen. Denn der Glaube, originell oder überzeugend sein zu müssen, führt oft zum Gegenteil von Gelassenheit, nämlich zu innerer und äußerer Anspannung. Damit setzen wir uns nur selbst unter Druck. Und Druck führt zu Verhärtungen.

Ein Regelverstoß wird nicht mit überzeugenden Argumenten, sondern einem überzeugenden Auftreten beantwortet.

Natürlich sind witzige und originelle Reaktionen auf Regelverstöße die Sahnehäubchen einer deeskalierenden Konfliktbearbeitung: Humor und Kreativität in einem Streit signalisieren (aber erfordern auch!) ein hohes Maß an Gelassenheit, Souveränität, Selbstsicherheit und Wertschätzung. Das ist Kür! Doch solange wir in unseren Konflikten um Regelverstöße noch auf wackligen Beinen stehen, sollten wir zunächst die Pflicht absolvieren und aufpassen, dass wir auf dem Glatteis der täglichen Konflikte nicht ausrutschen. Die Technik der kaputten Schallplatte kann helfen, dass wir in unseren täglichen Konflikten sicherer und durchsetzungsfähiger werden, ohne dass wir auf dem dünnen Eis einbrechen und unsere Konfliktpartner entwerten und verletzen.

Daher gilt: Sind die Regeln erst einmal aufgestellt und begründet worden, ist alles schon gesagt. Wir wiederholen »nur« beharrlich unsere Erwartungen oder Aufforderungen und lassen uns dabei nicht beirren. Die Einfachheit der Technik der kaputten Schallplatte erleichtert uns die Konzentration auf das Wesentliche: die Formulierung unseres Anspruchs, dass unser Gegenüber sich an die bekannte Regel hält – zum Beispiel, jeden dritten Tag das Zimmer aufzuräumen.

Unnötige Diskussionen vermeiden

Wie sehr die Suche nach Argumenten und das dadurch bedingte Einlassen auf Diskussionen einen Konflikt ausufern lassen können, zeigt das nächste Beispiel. Ein Jugendlicher möchte abends später als vereinbart nach Hause kommen. Er führt ein Gespräch mit seiner Mutter:

»Mama, ich möchte heute ausnahmsweise erst um 22 Uhr nach Hause kommen. Wir treffen uns bei Torben, und die anderen dürfen auch länger bleiben.«

»Wir haben eine klare Vereinbarung: Während der Woche bist du um 21 Uhr zu Hause. Die Regel gilt.«

»Aber bitte, Mama, nur heute. Morgen bin ich dafür um 20 Uhr zu Hause.«

»Du weißt genau, wie das ist: Morgen früh um sieben Uhr kommst du nicht aus dem Bett.«

»Aber ich habe morgen erst zur zweiten Stunde Schule, weil Englisch ausfällt.«

»Trotzdem, Regel ist Regel.«

»Aber warum das denn? Wenn ich etwas länger schlafen kann, ist die Regel doch hinfällig. Ich kriege doch meinen Schlaf.«

»Wenn du erst um 22 Uhr nach Hause kommst, bist du so aufgekratzt, dass du nicht sofort schlafen kannst.«

»Du weißt genau, dass ich sofort schlafen kann wie ein Brett, wenn ich mich hinlege.«

»Und was war letzte Woche, als du um Mitternacht noch gelesen hast?«

»Das war doch was ganz anderes: Da wollte ich ja auch gar nicht schlafen. Aber heute Abend schlafe ich sofort – versprochen.

»Nein, Schluss. Keine Diskussion: Du bist um 21 Uhr zu Hause.«

Die Mutter hat ein klassisches Eigentor geschossen. Sie war, wie bereits mit ihrer ersten Erwiderung auf die Anfrage des Sohnes deutlich wurde, nicht zu einer Ausnahme bereit. Doch im weiteren Konfliktverlauf hat sie sich – entgegen ihrer ersten rigorosen Ablehnung – auf eine Diskussion eingelassen und ihrem Sohn damit signalisiert, dass die Zeit seines Heimkommens doch zur Verhandlung steht. Während des anschließenden Disputs hatte der Sohn klar die besseren Argumente und daher deutlich die Führung im Konflikt übernommen. Und als die Mutter erkannte, dass ihr in der Auseinandersetzung die Felle davonschwammen, griff sie zum Rettungsanker – dem Machtwort. Der Sohn wiederum konnte die Hilflosigkeit (auch Sturheit ist ein Zeichen von Hilflosigkeit!) hinter dem nachgeschobenen Machtwort seiner Mutter deutlich spüren.

Wer in einer bedrängten Situation zum Machtwort greift, demütigt den anderen.

Denn aus seiner Perspektive war klar: »Ich hatte die besseren Argumente. Das war pure Willkür. Immer wenn sie nicht weiterweiß, greift sie zum Machtwort.« Das Machtwort muss dem Sohn unter diesen Umständen sehr erniedrigend vorgekommen sein.

Das Verhalten der Mutter war ungeschickt. Durch ihr Einlassen auf die Diskussion hat sie bei ihrem Sohn Erwartungen geweckt, zu deren Erfüllung sie von vornherein nicht bereit war. Die lange Diskussion ist in diesem Beispiel aber nicht dadurch entstanden, dass die Mutter wie in den Beispielen weiter oben in die Einsichts-Falle getappt ist (= Die Regel ist aus den folgenden Gründen gut und sinnvoll: …). Vielmehr ist sie als Ergebnis der Rechtfertigungs-Falle ausgeufert: Die Mutter ist auf jedes Argument ihres Sohnes rechtfertigend eingegangen und hat versucht, es durch Gegenargumente zu widerlegen. Gegen die Rechtfertigungs-Falle gibt es nur ein Rezept: Eine klare innere Haltung! Wir müssen uns nicht auf jedes Argument unserer Kinder und Jugendlichen rechtfertigend einlassen. Natürlich wollen wir mit diesem Beispiel nicht sagen, dass eine einmal aufgestellte Regel keine Ausnahmen duldet. Im Gegenteil: Vielleicht hätte die Mutter bei der Bitte des Sohnes um eine klar begrenzte Ausnahme die Regel im Hinblick auf die besondere Situation überdenken können und dem Sohn einen längeren Ausgang genehmigen sollen. In diesem Falle wäre ein offener Austausch von Argumenten zwischen Mutter und Sohn nicht nur wünschenswert, sondern sogar nötig gewesen. Doch die Mutter war von vornherein nicht zu Zugeständnissen bereit. Ihr Einlassen auf die Diskussion war – unter diesen Bedingungen – kontraproduktiv. Hätte sie die Technik der kaputten Schallplatte angewandt, wäre der Konflikt anders verlaufen; zwar mit demselben unbefriedigenden Ergebnis für den Sohn, aber in Form einer wesentlich kürzeren und klareren Argumentation – und verbunden mit mehr Wertschätzung und weniger Erniedrigungen:

»Mama, ich möchte heute ausnahmsweise erst um 22 Uhr nach Hause kommen. Wir treffen uns bei Torben, und die anderen dürfen auch länger bleiben.«

»Wir haben eine klare Vereinbarung: Während der Woche bist du um 21 Uhr zu Hause. Die Regel gilt.«

»Aber bitte, Mama, nur heute. Morgen bin ich dafür um 20 Uhr zu Hause.«
»Vereinbarung ist Vereinbarung: Um 21 Uhr bist du zu Hause. Auch heute.«
»Ach, Mensch, nur heute, bitte.«
»Ich weiß, dass es blöd ist, vor den anderen gehen zu müssen. Aber die Regel gilt. Und ich möchte das auch nicht diskutieren.«

Wenn eine Regel nicht zur Verhandlung steht, sollte sie auch nicht verhandelt werden. Die Konzentration auf die Formulierung der Ansprüche (= Die Regel gilt!) erleichtert das Durchstehen derartiger Konfliktsituationen, auch wenn es anfangs ungewohnt erscheinen mag, weder originell noch argumentativ überzeugend auftreten zu müssen.

Verständnis zeigen

Wollen wir unnötige Eskalationen in einem Konflikt vermeiden und der regelverletzenden Person frühzeitig den Wind aus den Segeln nehmen, empfiehlt sich eine Variante der Technik der kaputten Schallplatte: Wir gehen mit kurzen Nebensätzen und Andeutungen auf die Äußerungen unseres Gegenübers ein, ohne dass wir uns dadurch von unserem Ziel abbringen lassen. Wir geben knappe (!) Erklärungen, zeigen Verständnis für den Standpunkt des anderen, indem wir auch kurz auf die hinter dem Regelverstoß verborgenen Bedürfnisse oder Gefühle zu sprechen kommen. Wie das aussehen kann, zeigt das folgende Beispiel aus einer Kindertagesstätte:

»Natascha, bitte gib jetzt Jaqueline das Fahrrad. Jedes Kind darf 20 Minuten fahren. Deine Zeit ist um.«
»Bitte, nur noch eine Runde. Ich fahre doch so selten.«
»Schau mal, Jaqueline wartet schon. Gib es ihr bitte.«

»Der Mio ist auch länger gefahren. Dann will ich auch.«
»Beim Mio waren es auch genau 20 Minuten. Gib jetzt bitte Jaqueline das Fahrrad.«
»Das stimmt nicht, der ist länger gefahren.«
»Gib es bitte weiter.«
»Ich fahre doch so selten damit.«
»Das stimmt. Später kannst du ja wieder fahren und mir zeigen, wie toll du es kannst. Aber jetzt gib das Rad bitte weiter.«
»Später will ich nicht mehr.«
»Du möchtest jetzt noch ein bisschen fahren, das verstehe ich. Aber Jaqueline wartet schon die ganze Zeit. Komm, gib es ihr bitte.«
»Finde ich blöd. Hier hast du es.«
»Danke, Natascha. Und wenn du gleich wieder Lust hast, melde dich bei mir. Dann kannst du ja wieder fahren.«

Das verständnisvolle kurze Eingehen auf die hinter einem Regelverstoß verborgenen Bedürfnisse und Gefühle signalisiert Wertschätzung, wie auch das folgende Beispiel aus einer Berufsbildenden Schule zeigt:

»Vanessa, bitte gehen Sie mit Ihrer Zigarette in die Raucherecke. Hier ist ein Durchgangsbereich.«
»Aber es regnet, und hier ist es überdacht.«
»Ich weiß, dass die Raucherecke bei Regen kein schöner Ort ist. Gehen Sie bitte dennoch dorthin.«
»Aber es ist dort doch scheußlich.«
»Trotzdem: Die Hausordnung gilt auch bei Regen. Daher bitte ich Sie: Gehen Sie entweder rüber oder machen Sie Ihre Zigarette aus.«
»Nur eine Ausnahme. Ich habe meinen Regenschirm vergessen.«
»Tut mir leid. Wenn Sie nicht in den Regen möchten, müssen Sie Ihre Zigarette leider ausmachen. Bitte.«

»Nur noch fünf Züge.«
»Auch wenn Zigaretten teuer sind: Machen Sie sie bitte aus. Oder gehen Sie rüber.«
»Na gut, mach ich sie eben aus.«

Auch in diesem Dialog wendet die Aufsicht führende Lehrerin das Grundprinzip der kaputten Schallplatte an. Sie beharrt auf ihrem Wunsch, dass die Schülerin sich an die Hausordnung hält. Einer möglichen Eskalation des Konflikts begegnet sie mit Verständnis, kurzen Erklärungen, Bedauern und Freundlichkeit (siehe Kapitel »Freundliche Bestimmtheit«). Die Lehrerin verdeutlicht mit ihrem wertschätzenden Verhalten, dass sie die Schülerin als Person achtet, aber ihr regelverletzendes Verhalten kritisiert und diesbezüglich eine Änderung wünscht.

Das Grundprinzip der Deeskalation

Im Grunde haben wir in dem letzten Beispiel oben schon das Grundprinzip der Deeskalation umrissen: Deeskalation im Konflikt ist die Verbindung von Klarheit im Auftreten (= Durchsetzungsfähigkeit) in Verbindung mit einer wertschätzenden Vermittlung. Die Klarheit zeigt sich in der Akzentuierung der eigenen Kernbotschaft (= Die Regel gilt!) bei gleichzeitiger Vermeidung von unnötigen und langwierigen Diskussionen. Die wertschätzende Vermittlung äußert sich in dem freundlichen Ton, den kurzen (!) Begründungen der Regel und/oder dem Verständnis für die Beweggründe der am Konflikt beteiligten Kinder oder Jugendlichen (= Empathie).

Und vor diesem Hintergrund erklärt sich auch, warum die wörtliche, sture und monotone Auslegung der kaputten Schallplatte die Gefahr von Machtkämpfen birgt: Sie lässt jede Form von Wertschätzung vermissen und wird in vielen Fällen vom Gegenüber als Angriff auf die Person empfunden. Die wortwörtliche Übernahme der kaputten Schallplatte ist demnach keine Deeskalations-, sondern eine Konfrontationstechnik. Das Grundprinzip der Deeskalation, nämlich die ausgewogene Verbindung von Durchsetzungsfähigkeit und wertschätzendem Verhalten, ist nicht gegeben.

Aber auch eine lange Diskussion, wie wir sie in den Beispielen weiter oben teilweise gesehen haben, führt dazu, dass die Deeskalation kippt und die Pädagogen oder Eltern im »pädagogischen Weichei-Bereich« landen: Durch die Diskussionen (= Einsichts-Falle und/oder Rechtfertigungs-Falle) bleibt die eigene Durchsetzungsfähigkeit auf der Strecke, und wir werden von unseren Kontrahenten als wenig klar und zielstrebig wahrgenommen. »Die Regel steht zur Verhandlung und du hast gute Chancen, mich umzustimmen« – so lautet die heimliche Botschaft der Diskussionen, die durch die Einsichts-Falle und/oder die Rechtfertigungs-Falle entstehen.

Daher empfehlen wir Ihnen: Lesen Sie sich bitte noch einmal das letzte Fallbeispiel der rauchenden Schülerin auf dem Schulhof durch; die Lehrerin hat darin perfekt deeskaliert. Ihr Verhalten war klar und durchsetzungsstark, und gleichermaßen wertschätzend. Sie wirkte souverän, sicher und gleichzeitig zugewandt. Dadurch hat sie einen möglichen Machtkampf vermieden: Die rauchende Schülerin konnte die Zigarette ausmachen, ohne sich erniedrigt oder gedemütigt zu fühlen.

Fazit

1. Sollte unser Gegenüber eine Regel missachten, verwenden wir die Technik der kaputten Schallplatte: Wir wiederholen – möglichst variationsreich – unseren Anspruch, dass sich der andere an die Regel halten soll.
2. Seien wir nicht gewollt originell und kreativ. Entledigen wir uns auch des Anspruchs, argumentativ überzeugend sein zu müssen.
3. Kurze Erklärungen und das verständnisvolle Eingehen auf die Bedürfnisse und Gefühle des Gegenübers, die sich hinter seinem Regelverstoß verbergen, signalisieren Wertschätzung und tragen zur Deeskalation in Konflikten bei.

Gelassene Präsenz – körpersprachliche Techniken

Im vorangegangenen Kapitel über die Technik der kaputten Schallplatte haben wir die verbalen Aspekte der Konfliktbehandlung nach Regelverstößen in den Vordergrund gestellt. Dadurch ist vielleicht der Eindruck entstanden, dass es sich beim Modell der kontrolliert-eskalierenden Beharrlichkeit (nur) um eine verbale Strategie handelt. In diesem Kapitel werden wir zeigen, dass neben einer geschickten Wortwahl besonders auch der *nonverbale* Eindruck wichtig ist, den Sie in Konfliktsituationen auf Ihren Kontrahenten machen: Ein Standpunkt muss, wie das folgende Beispiel zeigt, nicht nur verbalisiert, sondern sprichwörtlich auch *verkörpert* werden.

Ein Sozialarbeiter in einer Einrichtung für betreutes Wohnen fordert einen Jugendlichen auf, die Regel zu beachten, dass Musik nur in Zimmerlautstärke gehört werden darf:

»Kai, mach bitte deine Musik leiser. Sie stört die anderen.«
»Aber was soll das? Die Musik *ist* auf Zimmerlautstärke.«
»Andere Jugendliche haben sich beschwert. Mach bitte die Musik so leise, dass sie in den Nachbarzimmern nicht zu hören ist.«
»Die ist dort nicht zu hören. Die Musik bleibt so.«
»Kai, ich verstehe ja, dass du deine Musik gerne laut hören möchtest. Aber sie stört – mach sie bitte leiser.«
»Wer hat sich denn beschwert? Dem haue ich was auf's Maul!«
»Mach bitte die Musik leiser. Oder setz deinen Kopfhörer auf, dann kannst du sie laut aufdrehen. Eine andere Möglichkeit gibt es nicht. Du kennst die Regel!«

Ab der ersten Sekunde der Auseinandersetzung stellt sich der Jugendliche – ohne sich dessen bewusst zu sein – eine zentrale Frage:

»Steht der Sozialarbeiter diesen Konflikt durch oder habe ich eine Chance, mein Bedürfnis nach lauter Musik gegen die Vorschrift – beziehungsweise gegen deren Vertreter, den Sozialarbeiter – durchzusetzen? Wie stark ist er in dieser Auseinandersetzung?«

Mit anderen Worten: Die Frage nach der Gültigkeit der Regel wird von Kai an der Standfestigkeit des Pädagogen gemessen. Folgerichtig sucht der Jugendliche unbewusst nach nonverbalen Signalen des Sozialarbeiters, die ihm wichtige Hinweise zur Beantwortung seiner unbewussten Frage geben könnten, ob der Sozialarbeiter standhaft ist und bleibt. Er unterzieht dessen Auftreten einer rein intuitiven Beurteilung: Kai hört auf die Festigkeit der Stimme des Pädagogen, überprüft (unbewusst!) dessen Haltung, beobachtet das Blickverhalten, achtet auf die Energie der Bewegungen und spürt die Körperspannung und Atmung.

Wer in einem Konflikt eine Regel vertreten will, muss Standfestigkeit zeigen.

Denn jedes noch so kleine körpersprachliche Signal der Unsicherheit seitens des Pädagogen würde die Hoffnung des Jugendlichen nähren, dass sein Gesprächspartner einknickt und er seine Musik weiterhin möglichst laut hören kann.

Da die Körpersprache eine derart wichtige Rolle in Konflikten nach Regelverstößen spielt, werden wir in den folgenden Abschnitten diejenigen nonverbalen Aspekte näher beleuchten, die für ein sicheres Auftreten im Konflikt von zentraler Bedeutung sind. Ausgangspunkt unserer Analyse ist die These, dass die Gültigkeit einer Regel nicht nur verbal, sondern vor allem auch nonverbal überzeugend verkörpert werden muss.

Die Strategie der Verängstigung

Wir gehen noch einen Schritt weiter und behaupten: Der Jugendliche sucht nicht nur nach nonverbalen Anzeichen von Unsicherheit beim Sozialarbeiter, sondern wird seinerseits aktiv, um durch angsteinflößendes Verhalten die gewünschte Unsicherheit bei diesem zu erzeugen:

- Kais Stimme im Konflikt um die zu laute Musik ist laut und schneidend.
- Seine Mimik verrät Aggressivität: Die Augenbrauen werden heruntergezogen, der Unterkiefer wird leicht nach vorn geschoben und die Lippen werden schmal.
- Sein Blick ist stechend.
- Während des Disputs richtet sich der Jugendliche groß auf und macht sich breit – er »wirft sich ins Zeug«.
- Er stellt sich dicht vor den Sozialarbeiter.
- Sein rechter Zeigefinger zeigt mit einem Abstand von nur zehn Zentimetern auf das Gesicht des Kontrahenten.

Die laute Stimme, die aggressive Mimik, der stechende Blick, die Aufrichtung, die »räumliche Invasion« und die aggressive Gestik – jedes einzelne Körpersignal von Kai ist eine Waffe, mit der er den Sozialarbeiter beeindrucken, verunsichern und letztlich »besiegen« will. Wenn wir diese singulären Körperwaffen in Kategorien zusammenfassen, erkennen wir zwei grundlegende Prinzipien, die dabei zum Tragen kommen:

1. Der Jugendliche benutzt einerseits massive körpersprachliche *Drohgebärden* (laute Stimme, aggressive Mimik, Aufrichtung, stechender Blick), um dem Kontrahenten Angst einzujagen. Die versteckte Botschaft dieser Körperwaffen lautet: »Sieh meine überlegene Kraft!«

2. Kai greift auf körpersprachliche Mittel zurück, die der *psychischen Verletzung* des Sozialarbeiters dienen: Er bedrängt mit überlauter Stimme dessen Trommelfell, rückt dem Kontrahenten körperlich »auf die Pelle« und dringt dadurch in den Raum des Konfliktpartners ein. Der Jugendliche will den Pädagogen angreifen und destabilisieren.

Kai verwendet – vermutlich unbewusst – die Strategie des Angriffs, um seine Interessen durchzusetzen: Mithilfe eines drohenden und verletzenden Auftretens versucht er, seinen Kontrahenten zur Aufgabe seiner Interessen zu bewegen. Sein aggressives und lautes Auftreten soll den diensthabenden Sozialarbeiter kleinlaut machen und zum Rückzug bewegen. Nur dann wird es Kai gelingen, seine Musik weiter mit voller Lautstärke genießen zu können.

Wer in einem Konflikt Drohgebärden benutzt, möchte den Kontrahenten zu Fall bringen.

Übersetzen wir die unbewusste Vorgehensweise des Jugendlichen in Worte, dann lautet die Botschaft seiner Körperwaffen an den Kontrahenten etwa wie folgt: »An meinem massiven Auftreten erkennst du meine Kraft und Überlegenheit. Solltest du nicht unverzüglich den Rückzug antreten und darauf verzichten, die Regel durchzusetzen, werde ich diese Kraft und Überlegenheit mit weiteren Schritten gegen dich einsetzen. Ich werde dich in die Ecke treiben. Wenn du schlimmeres Leid verhindern möchtest, zieh dich zurück.«

Das unbewusste Kalkül des Jugendlichen lautet also: »Wenn ich nur massiv und einschüchternd genug auftrete und dem Sozialarbeiter direkt deutlich mache, dass ich ihn durch mein aggressives Verhalten mühelos verletzen kann, dann wird er aus Angst vor weiteren Konsequenzen (= Verletzungen) den Rückzug antreten und mir meine laute Musik lassen.

Ist Kai klein und schmächtig und bislang noch nicht einmal durch kleinste Anzeichen von körperlicher Gewalt auffällig geworden, zielt seine Drohung nicht auf den Körper des Sozialarbeiters (»Ich werde dich körperlich verletzen!«), sondern auf dessen Psyche: »Du hast keine Chance, dich gegen mich durchzusetzen. Dazu habe ich viel zu viel Power. Erkenne also meine Überlegenheit an, gib auf und lass mir meine laute Musik.«

Ein aggressives Auftreten im Konflikt dient der Destabilisierung des Kontrahenten.

Ob mit der ersten oder der zweiten Botschaft: In beiden Fällen soll der Sozialarbeiter zum frühzeitigen Rückzug gezwungen werden.

Das folgende Beispiel eines fünfjährigen Jungen, der in einem Freibad mithilfe eines aggressiven Auftretens seine Mutter aus dem Gleichgewicht bringen will, unterstreicht, wie facettenreich die Körperkraft ins Spiel gebracht werden kann, wenn es darum geht, eigene Konfliktinteressen gegen den Widerstand der Person durchzusetzen, die eine Regel vertritt. Außerdem wird noch einmal deutlich, dass die Verwendung körpersprachlicher Drohgebärden (»Ich bin stark!«) nicht zwangsläufig auf die eigene körperliche Überlegenheit verweisen muss. Drohgebärden können auch sagen: »Ich habe genügend Energie, dir das Leben schwerzumachen.«

»Mama, ich will ins Wasser!« (Lauthals, alle Benutzer der Liegewiese werden zu Zeugen des Konflikts gemacht.)

»Aber du warst doch gerade im Wasser, und ich habe dich frisch eingecremt. In einer halben Stunde darfst du wieder planschen gehen.«

»Nein, jetzt. Ich will sofort rein, nicht nachher.« (Noch lauter, mit dem Fuß aufstampfend, Hände in die Hüften gestemmt)

»Das geht nicht, du bist frisch eingecremt.«

»Ich will aber jetzt. Andere Kinder dürfen auch rein, nur ich nicht.« (Noch lauter, in der Stimme schwingt Wut mit, die Fäustchen sind geballt, er geht drei Schritte auf die Mutter zu …)

»Jetzt noch nicht.«

»Doch, ich geh aber rein.« (Brüllen, roter Kopf, geschwellter Brustkorb, wütendes Stampfen Richtung Wasser)

Auch hier macht der Ton die Musik: Mit jeder Faser seines Körpers sendet der Junge die unmissverständliche Botschaft an seine Mutter: »An meinem Körpereinsatz siehst du, dass ich es ernst meine. Obwohl ich erst fünf Lenze zähle, habe ich die Energie und Kraft, dir eine richtig lange Szene zu machen – hier im Freibad. Es wird, das siehst du an meiner Kraft und Energie, verdammt ungemütlich für dich in der nächsten Zeit. Du wirst diesen Freibadbesuch nicht genießen können. Mit deiner Ruhe ist es vorbei. Und alle anderen Badegäste hier auf der Liegewiese werden dich anschauen und durch ihre genervten Blicke den moralischen Druck auf dich erhöhen. Über die Angst, die du vor mir und dem stressigen Nachmittag hast, bringe ich dich aus dem inneren Gleichgewicht. Wenn du deinen inneren Frieden wiedererlangen möchtest, hast du nur eine Chance: Lass mich ins Wasser gehen!« Der Junge bringt (unbewusst) seine aggressive Energie ins Spiel, um auf seine innere Kraft und Energie zu verweisen: »Ich zieh das durch. Die Energie dazu habe ich, das siehst und spürst du!«

Die beiden Konfliktsituationen zeigen: Sowohl der Junge als auch Kai arbeiten mit hohem Körpereinsatz daran, dass ihre jeweiligen Kontrahenten möglichst schnell erste körpersprachliche Anzeichen von Unsicherheit im Konflikt zeigen. Beide fragen sich: »Macht mein Krafteinsatz schon Eindruck auf den anderen? Kann ich bereits erste Anzeichen von Angst in dessen Ausdruck – der Körpersprache – erkennen?« Sollten Kai oder der kleine Junge im Freibad diese Fragen bejahen können, weil ihr jeweiliges Gegenüber Anzeichen von Unsicherheit zeigt, werden sie ihre individuelle Angriffsstrategie weiterverfolgen und ihre Bemühungen der Verängstigung intensivieren.

In Konflikten wie diesen verläuft der Energiefluss wie folgt: Die Kraft, die den einen Konfliktpartner verlässt, saugt der andere in sich auf. Jedes Anzeichen von Schwäche (= Unsicherheit) im Körperausdruck von Mutter oder Sozialarbeiter macht den kleinen Jungen beziehungsweise den Jugendlichen stark. Wie Mutter und Sozialarbeiter verhindern können, dass sie in die schwache und defensive Rolle geraten, und stattdessen das Heft in der Hand behalten, zeigt der folgende Abschnitt.

Gelassenheit – aber wie?

Wenn wir erkennen, welche unbewusste Strategie sich hinter dem Widerstand eines trotzigen und aggressiven »Nö, mach ich nicht!« verbirgt, dann können wir daraus ableiten, wie unser Auftreten bei einem Regelverstoß des Gegenübers aussehen muss: Wir sollten jedes äußere Anzeichen von Unsicherheit oder gar Angst vermeiden.

Gelassenheit im Konflikt signalisiert Angstfreiheit und Selbstsicherheit.

Positiv formuliert: Bleiben wir souverän und gelassen. Denn die versteckte Botschaft eines entspannten Auftretens lautet: »Du willst mich verängstigen. Aber an meiner Gelassenheit kannst du erkennen, dass dein Kalkül nicht aufgeht. Ich habe keine Angst. Also gib deinen Widerstand auf und halte dich an die Regel. Sie gilt!«

Wenn wir uns den Zusammenhang zwischen Körperspannung und Angst vergegenwärtigen, wird deutlich, warum Gelassenheit souverän wirkt: Unsicherheit und Angst führen zwangsläufig zur Anspannung des Körpers. Die höchste Stufe der Anspannung durch Angst ist die völlige Erstarrung: »Ich war starr vor Angst.« Es gibt keine spannungslose Angst! Und deshalb gilt der Umkehrschluss, dass körperliche Entspanntheit und Gelassenheit innere Gelassenheit im Sinne von Angstlosigkeit ausdrücken. So erschließt sich auch der tiefere Sinn des »coolen« Spruchs »Immer locker bleiben«: Wer locker ist, wirkt angstfrei und demnach selbstsicher und souverän.

Natürlich stellt sich die Frage, wie wir in Konflikten zu dieser professionellen Gelassenheit kommen können. Wir möchten Ihnen hierzu ein paar Hilfestellungen geben – aber bitte erwarten Sie von uns keine Rezepte. Denn der Weg zu einer größeren Gelassenheit und Professionalität ist langwierig und mühsam, und niemand kommt darum herum, sich diese selbst zu erarbeiten.

- Zunächst möchten wir betonen, dass sich Gelassenheit nicht spielen, inszenieren und vortäuschen lässt. Der Körper lügt nicht. Sind wir innerlich angespannt und ängstlich, wird das über unsere Körpersprache nach außen dringen. Und das Gleiche gilt für unsere Aggressivität. Daher helfen zur authentischen Verkörperung von Gelassenheit keine einfachen Tricks und Tipps, wie man seine Körpersprache angeblich manipulieren kann.
- Unsere Hilflosigkeit und Aggression sind häufig der Ausdruck von innerer Unsicherheit. Denn in unseren privaten und beruflichen Konflikten nach Regelverstößen und Grenzverletzungen agieren wir meistens unbewusst und planlos. Wir durchschauen weder die Konfliktstrategien der Kinder und Jugendlichen, noch haben wir einen Plan für unser eigenes Konfliktverhalten: Wir handeln aus dem Bauch heraus. Ein notwendiger, aber leider manchmal noch nicht ganz hinreichender Schritt zur Gelassenheit ist es daher, die Strukturen von Konflikten zu erkennen und zu durchschauen. Das bedeutet: Wer sich seiner eigenen verbalen wie auch körpersprachlichen Botschaften sicher ist, kann auch gelassener in einen Konflikt gehen. Und wer die Schritte und Strategien der Kinder und Jugendlichen vorausahnen und deuten kann, kann selbstgewisser und souveräner – und demnach auch gelassener – nach Regelverstößen und Grenzverlet-

zungen agieren. Das wollen wir uns im Folgenden noch genauer ansehen.

- Wir möchten Ihnen außerdem Handlungssicherheit für Konflikte geben. Dafür beleuchten wir in den letzten beiden Kapiteln dieses Buches ausführlich die Frage, was wir tun können, sollten wir in einer Auseinandersetzung um einen Regelverstoß nicht zum Ziel kommen. Denn wenn wir einen klaren Plan B für den Fall haben, dass sich unser Gegenüber trotz unserer Interventionen nicht an die Regel hält, dann haben wir auch für Plan A, nämlich unser Verhalten im Konflikt, mehr Sicherheit: Wir müssen ja nicht um jeden Preis zum Ziel kommen! Sollte sich ein Kind oder Jugendlicher beharrlich und konsequent weigern, die Regel zu beachten, haben wir bei einem wirksamen Plan B keinen Druck mehr, im Konflikt selbst unbedingt gewinnen zu müssen. Handlungssicherheit auch für den Fall einer fortgesetzten Verweigerung des Kindes oder Jugendlichen verhilft so ebenfalls zu innerer Gelassenheit.

Für zwei körpersprachliche Parameter, die in Konflikten besonders wichtig sind, werden wir in dem nächsten Kapitel Hinweise geben, die sich auch ohne großes Training und ohne das innere Gefühl der Sicherheit und Gelassenheit leicht umsetzen lassen: Blickverhalten und Raumverhalten.

Blickverhalten

Betrachten wir unter visuellen Aspekten eine Auseinandersetzung um einen schweren Regelverstoß an einem Berufskolleg:

»Ich rieche es an Ihrem Atem: Sie haben eben Alkohol getrunken. Verlassen Sie bitte sofort meinen Unterricht.«
»Stimmt doch gar nicht. Das ist noch von gestern Abend.«

»Sie riechen intensiv nach Alkohol. Verlassen Sie bitte die Klasse. Sie kennen die Regel!«
(Statt auf diese Aufforderung des Lehrers verbal zu antworten, schweigt die angesprochene Schülerin und schaut diesem direkt in die Augen. Nach einigen weiteren wortlosen Sekunden steht sie auf und verlässt fluchend den Raum.)
»Ist ja schon gut. Sie sind heute aber schlecht gelaunt!«

Was ist hier passiert? Wieso ist der Konflikt zwischen dem Lehrer und der Schülerin im Gegensatz zu den oben beschriebenen Konflikten derart wortkarg verlaufen? Die Antwort lautet: Die Auseinandersetzung fand weitgehend auf der nonverbalen Ebene der Kommunikation statt. Die Schülerin hat dem Lehrer wortlos in die Augen geschaut und sich gefragt: »Hat er die Kraft, meinen herausfordernden Blick zu erwidern und diesem standzuhalten?« Sie hat die Frage nach der Gültigkeit oder Ungültigkeit der Regel (»Nüchtern im Unterricht – ansonsten Hausverbot«) auf die simple Frage reduziert: »Wer hat mehr innere Kraft – du oder ich? Wer kann den Blick länger halten?«

Da der Lehrer dem provozierenden Blick der Schülerin standhalten konnte, hat sie daraus den Schluss gezogen: »Ich sehe an seinem Blick die Entschlossenheit und Kraft, diesen Konflikt durchzustehen. Er meint das ernst und zieht es durch. Ich verlasse jetzt besser den Klassenraum und verhindere damit weitere Konsequenzen.«

Ein fester Blick im Konflikt signalisiert innere Festigkeit.

So ungewöhnlich diese Reduktion des Konfliktausgangs auf die simple Frage »Wer hält dem Blick länger stand?« auch erscheinen mag – hinter dem visuellen Kräftemessen steckt ein wahrer Kern: Für einen gehaltenen Blick benötigen wir innere Kraft.

Beobachten wir uns einmal selbst: Wenn wir unsicher sind, fällt es uns schwer, längere Blickkontakte mit unserem jeweiligen Kommunikationspartner aufzunehmen. Nach ein bis zwei Sekunden

Blickkontakt weichen wir mit unseren Augen aus. Da wir aber ständig überprüfen wollen, was unser Gegenüber über uns denkt oder gar gegen uns unternimmt, nehmen wir immer wieder mit ihm Blickkontakt auf: Wir senden Kontrollblicke. Doch nur für kurze Zeit. Denn unsere Unsicherheit nimmt uns die Kraft, dessen Blick länger als die besagten ein bis zwei Sekunden zu erwidern. Wegen des hektischen Wechsels zwischen Blickkontakt und Blickabwenden wird dieses visuelle Muster auch »Flackerblick« oder »flüchtiges Blickverhalten« genannt. Wir kennen es aus Situationen, in denen wir unsicher, verlegen oder ängstlich sind: Unser Blick vollzieht stellvertretend das, was wir am liebsten tun würden – nämlich aus der Situation zu fliehen. Und wir alle wissen aus eigener Erfahrung: Mit Personen, bei denen wir uns sicher fühlen, fällt es uns wesentlich leichter, intensiven und längeren Blickkontakt aufzunehmen, als mit Autoritäts- und Respektspersonen, die uns womöglich auch noch Angst einflößen.

Kehren wir zurück in den Klassenraum und werfen wir einen Blick in das Innere des Lehrers: Warum hat er dem Blick der Schülerin standhalten können? Er hat sich vermutlich voll und ganz auf seinen Geruchssinn verlassen. Er weiß, wie frisch konsumierter Alkohol riecht. Die Entgegnung der Schülerin, es handle sich um Restalkohol vom letzten Abend, hat ihn nicht verunsichert. Die heftige »Fahne« der Schülerin deutete auf ihre aktuelle Alkoholisierung hin. Darüber hinaus war er sich im Klaren, dass er in dieser Situation konsequent vorgehen muss. Auch wusste der Lehrer, dass er sich der Rückendeckung seiner Kolleginnen und Kollegen sowie seiner Vorgesetzten absolut sicher sein kann: Denn auf der letzten Lehrerkonferenz wurde verbindlich festgelegt, dass allein schon der bloße Verdacht auf Alkoholkonsum während der Schulzeit ausreicht, eine Schülerin oder einen Schüler des Unterrichts zu verweisen.

Kurzum: Diese innere Sicherheit und Entschlossenheit haben dem Lehrer die innere Kraft und Sicherheit gegeben, das Blickduell aufzunehmen und zu gewinnen. Er hat sich stark gefühlt und den herausfordernden Blick seiner Schülerin angenommen. Und vermutlich hat er in der Situation nicht einmal darüber nachgedacht, was zu tun ist – intuitiv hat er gewusst, dass es darauf ankommt, dem provokativen Blick der Schülerin standzuhalten.

Wer innerlich sicher ist, kann auch äußerlich Sicherheit ausstrahlen.

An diesem fiktiven Beispiel wird deutlich, wie wichtig eine klare innere Haltung ist, um gerade in einem Konflikt nach einem schweren Regelverstoß sicher, durchsetzungsstark und konfrontativ auftreten zu können. Und zu dieser inneren Klarheit gehört auch, sich der weiteren möglichen Schritte sicher zu sein, die erfolgen können und werden, sollte sich die Schülerin beharrlich weigern – trotz sicheren Auftretens seitens des Lehrers –, den Unterricht zu verlassen. Diese möglichen weiteren Schritte werden wir wie bereits erwähnt später ausführlich beleuchten. An dieser Stelle mag zunächst einmal der Hinweis genügen: Der Lehrer war sich sicher, dass er auch für den Fall, dass die Schülerin den Unterricht nicht verlassen sollte, weiterhin handlungsfähig bleiben würde; die Schulleitung hatte für diese Extremsituation ihre unbedingte Unterstützung zugesichert. Und genau diese Rückendeckung gab ihm die Kraft, den konfrontativen Konflikt mit seiner Schülerin auch visuell sicher durchzustehen.

Vielleicht hilft Ihnen im Zweifelsfall auch ein kleiner Trick, um dem herausfordernden Blick Ihres Kontrahenten in einem Konflikt tatsächlich standzuhalten: Schauen Sie nicht in die Augen Ihres Gegenübers, sondern auf dessen Nasenwurzel – also zwischen seine Augen. Ihr Kommunikationspartner wird es nicht merken, und Ihnen wird es leichter fallen, den Blick auch tatsächlich zu halten. Denn Ihre innere Anspannung ist bei dem Blick auf dessen Nasenwurzel deutlich geringer als bei einem Blick in die Augen des Gegenübers.

Abschließend möchten wir aber betonen: Der gehaltene Blick ist ein Signal, das wir ausschließlich in konfrontativen Situationen benutzen sollten. Wollen wir dagegen eine Situation deeskalieren, kann ein fester Blick zu ungewollten Eskalationen führen. Daher ist es ratsam, nach leichten Regelverstößen und Grenzverletzungen den Blick nach zwei bis drei Sekunden zu beenden und auf die Verwendung eines drohenden Blicks vollständig zu verzichten.

Raumverhalten

Ein 16-jähriger Schüler ist in der letzten Zeit wiederholt zu spät zur ersten Stunde erschienen. Die Lehrerin hat mehrmals versucht, in Gesprächen die Hintergründe der Verspätungen in Erfahrung zu bringen – vergeblich. Der Schüler flüchtete sich in Ausreden: Mal habe der Wecker versagt, mal habe der Bus Verspätung gehabt. Daraufhin hat die Lehrerin ihm angekündigt, ihn bei der nächsten Verspätung ins Klassenbuch einzutragen und seine Eltern zu benachrichtigen.

Bereits ein paar Tage später ist es wieder so weit: Während der ersten Stunde öffnet sich die Klassentür, und der Schüler erscheint mit einer zehnminütigen Verspätung zum Unterricht. Mit einem »Tschuldigung, der Bus hatte Verspätung« auf den Lippen durchquert der Schüler den Klassenraum und setzt sich lässig auf seinen Stuhl. Nachdem er Platz genommen hat, spricht die Lehrerin ihn an:

»Tom, ich hatte dir angekündigt, dass du bei der nächsten Verspätung einen Eintrag ins Klassenbuch bekommst und ich deine Eltern benachrichtige. Es ist jetzt so weit.«

»Aber was kann ich denn dafür, wenn der Bus Verspätung hat? Sie können ja bei den Stadtwerken nachfragen.«

»Ich habe dir schon beim letzten Mal gesagt, dass du einen früheren Bus nehmen musst. Du bist für deine Pünktlichkeit verantwortlich, nicht die Stadtwerke. Die Konsequenz steht und damit Schluss der Diskussion.«

»Aber die Busse fahren nur alle 20 Minuten.«

»Ich diskutiere das jetzt hier nicht weiter. Wenn du mir noch etwas sagen willst, kannst du das nach der Stunde tun.«

(Tom motzt noch ein bisschen vor sich hin und ist dann still.)

Soweit der verbale Verlauf der Auseinandersetzung um die Verspätung. Uns interessiert in diesem Zusammenhang primär die räumliche Gestaltung des Konflikts: Die Lehrerin ist, nachdem sich der Schüler auf seinem Platz niedergelassen hat, vor dessen Bank getreten und hat ihn aus circa eineinhalb Metern angesprochen. Und diesen relativ geringen Abstand hat sie ganz bewusst gewählt, denn sie wollte in dem Konflikt um die Verspätungen nicht deeskalierend, sondern konfrontierend auftreten. Und das aus gutem Grund: Der Regelverstoß des Jugendlichen war schwerwiegend, denn es war nicht seine erste Verspätung, sondern ein wiederholtes Vergehen, das seitens der Lehrerin bereits mehrfach deeskalativ behandelt wurde. Für seine wiederholten Verspätungen bekommt Tom jetzt aber die gelbe Karte gezeigt: Konfrontation statt Deeskalation.

Zum besseren Verständnis dieser konfrontativen Vorgehensweise müssen wir uns nur anschauen, wie souveräne Schiedsrichterinnen und Schiedsrichter, die in einem Pulk von diskutierenden Spielern einem Fußballer die gelbe Karte zeigen, vorgehen:

Sie verlassen die Traube, stellen sich außerhalb des Pulks auf, halten die protestierenden Mitspieler auf Abstand und zitieren den zu bestrafenden Fußballer zu sich her. Der betreffende Spieler bekommt die gelbe Karte in aller Regel konfrontativ, das heißt von Angesicht zu Angesicht und mit geringem räumlichem Abstand gezeigt. Anders bei der Ermahnung nach leichten Fouls: Hier gehen die Unparteiischen deeskalativ vor, indem sie sich seitlich und mit größerem Abstand zum betreffenden Spieler positionieren.

Übertragen auf das weite Feld der Pädagogik bedeutet das: Wollen wir in einem Konflikt um einen mittleren (mehrere leichte Regelverstöße summieren sich wie in einem Fußballspiel zu einem mittleren Regelverstoß) oder gar schweren Regelverstoß eindrucksvoll auftreten, benötigen wir konfrontative Präsenz. Und diese Präsenz wächst mit der räumlichen Nähe zu unserem Kontrahenten. Wollen wir nach einem leichten Regelverstoß dagegen einen Konflikt deeskalativ behandeln, wahren wir in der Regel mehr Abstand zum Gegenüber und positionieren uns leicht seitlich zu der betreffenden Person.

Sicherheitsabstand wahren

Doch Vorsicht! Wer seinem Konfliktpartner während einer konfrontativen Intervention nach einem mittelschweren oder gar schweren Regelverstoß zu sehr auf die Pelle rückt, riskiert, dass jener zu einem »Angstbeißer« wird – vergleichbar mit einem Tier, das mit dem Rücken zur Wand steht. Eine bedrängte Person sieht dann keinen Ausweg mehr und kann ungeahnte Kräfte entwickeln und sich möglicherweise sogar durch einen körperlichen Angriff aus der Enge zu befreien suchen.

Jede persönliche Herabsetzung einer regelverletzenden Person – in diesem Fall durch räumliches Bedrängen – führt dazu, dass diese sich persönlich verletzt und erniedrigt fühlt: »Der will mir was. Der hat was gegen mich.« Körperliche Distanzlosigkeit ist invasives räumliches Verhalten und hat die gleiche Wirkung wie eine verbale Beleidigung: »Ich möchte Ihnen ja nicht zu nahetreten, aber Sie sind unfähig.« Der Konflikt um den Regelverstoß wird persönlich; es geht um Gesichtsverlust und Ehre statt um das regelverletzende Verhalten und seine Konsequenzen.

Wer eine Eskalation vermeiden möchte, sollte seinem Kontrahenten nicht zu nahetreten – weder verbal noch räumlich.

Der Mindestabstand, den wir in einer konfrontativen Situation (= gelbe Karte) zu unserem Kontrahenten wahren sollten, ist relativ genau definierbar: Er beträgt einen guten Meter. Wenn Sie die Wirkung von Abständen am eigenen Körper erfahren möchten, führen Sie folgende Übung durch:

Suchen Sie sich einen Partner oder eine Partnerin, stellen Sie sich circa einen guten Meter voreinander auf und schauen Sie sich in die Augen. In dieser Entfernung haben Sie – ohne den Blickkontakt zu lösen – Ihr Gegenüber bis zu dessen Füßen aus den Augenwinkeln im Blick. Treten Sie näher heran, verlieren Sie dessen Füße aus Ihrem peripheren Blickfeld. Sollte Ihr Gegenüber jetzt mit seinen Füßen etwas gegen Sie unternehmen wollen, würden Sie es erst feststellen, wenn er Sie bereits verletzt hat. Anders beim Mindestabstand von einem guten Meter: Aus den Augenwinkeln haben Sie nicht nur den kompletten Körper Ihres Gegenübers im Blick, sondern die Distanz verschafft Ihnen zusätzlich einen weiteren Vorteil: Sollte Ihr Kontrahent Sie angreifen, so reicht der Mindestabstand aus, um noch rechtzeitig abwehrende Maßnahmen oder Rückzugsbewegungen einleiten zu können – Sie befinden sich außerhalb der unmittelbaren Reichweite Ihres Gegenübers. Verkürzen Sie die Entfernung, so wird Ihre Reaktionszeit nicht ausreichen, sich aus der Gefahrenzone zu begeben oder Ihren Körper mit Ihren Armen oder Beinen schützen zu können – zumal Sie auch keine periphere Sicht mehr auf die Beine und Füße Ihres Gegenübers haben …

Vermutlich stoßen wir bei der Festlegung des Mindestabstands in einem Konflikt auf uralte Muster aus Zeiten, in denen Konflikte nicht mit scharfer Zunge, sondern mit scharfen Waffen ausgetragen wurden. Nehmen wir daher zur Kenntnis, dass wir körperlich noch lange nicht in der Moderne angekommen sind und sämtliche Alarmglocken schrillen, sollte uns jemand in einer konfrontativen Situation räumlich bedrängen, indem er in unsere Schutzzone eindringt – der Konflikt mutiert dann zu einem Kampf.

Das bedeutet: Unterschreiten Sie in einem Konflikt den Mindestabstand von einem guten Meter, fühlt sich Ihr Kontrahent durch die räumliche Nähe bedroht und »an die Wand gedrückt«. »Kampfhormone« werden ausgestoßen, und sein Körper wird in höchste Alarmbereitschaft versetzt: Angriff oder Flucht! Halten wir daher lieber den Mindestabstand zu unserem Kontrahenten ein. So vermeiden wir die Gefahr, dass dieser sich in die Ecke gedrängt fühlen könnte und mit erbittertem Widerstand reagiert.

Wer dem Kontrahenten räumlich zu nahe kommt, bewirkt eine Eskalation des Konflikts.

Nähe oder Distanz?

Betrachten wir eine Auseinandersetzung, die sich im familiären Rahmen abspielt. Auch hier kann die geschickt gewählte räumliche Gestaltung weitreichende Auswirkungen für den weiteren Konfliktverlauf haben.

Die Mutter öffnet die Zimmertür ihres 14-jährigen Sohnes, dessen Musik in der ganzen Wohnung zu hören ist:

»Lars, mach doch bitte die Musik leiser. Wir hatten Zimmerlautstärke vereinbart.«

»Ist doch Zimmerlautstärke.«

»Wenn ich jeden Ton in meinem Arbeitszimmer höre, ist das keine Zimmerlautstärke. Ich kann nicht arbeiten. Mach sie bitte leiser.«

»So leise kann ich die Musik gar nicht drehen, dass du sie nicht hören kannst. Warum hast du denn ausgerechnet dein Arbeitszimmer neben meinem Zimmer!«

»Bitte mach sie leiser, ja?«

»Du musst doch immer arbeiten. Und ich kann nie Musik hören, wie ich will.«

»Doch, wenn du allein in der Wohnung bist. Komm, mach sie bitte leiser.«

Soweit die Wiedergabe des Wortlauts der Auseinandersetzung zwischen Mutter und Sohn. Denken wir uns zwei Möglichkeiten der räumlichen Gestaltung des Konflikts in diesen Dialog hinein:

Deeskalation: Die Mutter führt die Auseinandersetzung über den Regelverstoß ihres Sohnes von der Tür seines Zimmers aus. Sie bleibt in der Tür stehen und behält während des gesamten Konflikts die Türklinke in der Hand. Ihr Sohn sitzt auf seinem Bett. Der räumliche Abstand zwischen den beiden beträgt demnach circa zwei bis drei Meter. Dadurch, dass die Mutter bewusst an der Tür stehen bleibt, gibt sie der Auseinandersetzung etwas sehr »Beiläufiges«: Sie ist nur mal kurz »vorbeigelaufen«, um mit ihrem Sohn den Konflikt zu klären.

Das Wahren eines größeren räumlichen Abstands kann in einem Konflikt deeskalierend wirken.

Diese Beiläufigkeit wählt sie, um die versteckte Botschaft zu kommunizieren: »Ich respektiere dein Territorium. Außerdem möchte ich bei diesem Konflikt um die laute Musik keine Konfrontation, deshalb bleibe ich an der Tür stehen. Ich möchte den Konflikt nicht hochkochen, sondern niederschwellig abhandeln – zumal deine laute Musik auch keine schwerwiegende Grenzverletzung darstellt. Bitte nimm mein Deeskalationsangebot an und mach die Musik einfach leiser. So ist der Konflikt schnell erledigt, ohne dass es zu einer Beziehungsstörung kommt.«

Die Mutter wählt den Weg der Deeskalation, weil sie weiß, dass es um einen relativ harmlosen und nachvollziehbaren Regelverstoß handelt. Und sie weiß aus Erfahrung, dass ihr Sohn für diese Art von Ansprache und Auftreten empfänglich ist und er mit hoher Wahrscheinlichkeit die Musik leiser machen wird.

Konfrontation: Stellen wir uns als Kontrast vor, dass es zwischen Mutter und Sohn bereits zahlreiche Auseinandersetzungen über zu laute Musik gegeben hat. Die Mutter wünscht keine Beiläufigkeit und demnach auch keine Deeskalation, denn damit ist sie bei ihrem Sohn mehrfach gescheitert. Vielmehr bewertet sie die wiederholt laut gespielte Musik als mittleren bzw. schweren Regelverstoß und nutzt den aktuellen Vorfall, um ihrem Sohn klar zu vermitteln, dass sie weder dessen Regelverstoß noch eine Diskussion über dieses Thema dulden wird. Aus diesem Grund erhöht sie den Druck auf ihren Sohn durch ein konfrontatives Auftreten: Sie führt die Auseinandersetzung über die Regelverletzung nicht von der Zimmertür aus, sondern betritt den Raum ihres Sohnes und stellt sich – bei Wahrung des Mindestabstands – dicht vor das Bett, auf dem dieser gerade sitzt. Sie schaut ihm fest in die Augen und sagt mit energischer Stimme:

»Lars, ich erwarte, dass du die Musik sofort leiser drehst. Wir hatten Zimmerlautstärke vereinbart.«
»Ist doch Zimmerlautstärke.«
»Ist es nicht. Mach sie bitte leiser; ich muss arbeiten.«
»Du musst doch immer arbeiten. Und ich kann meine Musik nie so hören, wie ich will.«
»Ich diskutiere das jetzt nicht. Du machst sie leiser.«

Das Beispiel zeigt, wie wichtig die Wahl des angemessenen Abstands sein kann, wenn es gilt, Konfliktsituationen zu entschärfen (= Deeskalation) oder auch zuzuspitzen (= Konfrontation):

Deeskalation: Wollen Sie einen Konflikt bewusst mit niedriger Intensität behandeln, halten Sie einen größeren räumlichen Abstand zu Ihrem Konfliktpartner. Und stellen Sie sich nicht konfrontativ vor Ihrem Gegenüber auf, sondern seitlich. Denn durch diese seitliche Positionierung lassen Sie Ihrem Kontrahenten gefühlt mehr Raum.

Konfrontation: Wollen Sie die Präsenz Ihres Auftritts erhöhen und entschieden und bestimmt wirken, gehen Sie auch räumlich stärker in den Konflikt hinein. Stellen Sie sich konfrontativ auf und verringern Sie die Distanz – bei Wahrung des Mindestabstands.

Aus all diesen Überlegungen folgt, dass wir in einem Konflikt um einen Regelverstoß den Abstand zu unserem Gegenüber sehr bewusst gestalten sollten – je nach Grad der von uns gewünschten Konfrontation beziehungsweise Kooperation. Wir können nur wiederholen, was wir schon im Abschnitt über unser Blickverhalten gesagt haben: Der Körper lügt nicht! Unterschätzen Sie nicht die Bedeutung des räumlichen Abstands für den Verlauf und den Ausgang eines Konflikts.

»Warte, bis Papa nach Hause kommt …

… dann weißt du, was dir blüht!« Dem kindlichen oder jugendlichen Adressaten dieser Botschaft droht offensichtlich Unheil in Form eines aggressiv auftretenden Vaters. Aus Angst, die bevorstehende Konfrontation nicht durchstehen zu können, delegiert die Mutter den Konflikt an den »stärkeren« Partner.

Auch von Lehrerinnen oder Sozialarbeiterinnen hören wir in unseren Seminaren immer wieder den Satz: »Wenn ich in einem Konflikt einen Jugendlichen anspreche, werde ich bei weitem nicht so ernst genommen wie meine (großen) männlichen Kollegen.« Diese beiden Beispiele deuten auf ein uraltes Phänomen hin: Wer in einem Konflikt seine (männliche) körperliche Überlegenheit ausspielen kann, befindet sich, so scheint es, im Vorteil.

Groß und Mann müsste Frau sein.

- Eine tiefe und laute Stimme verweist auf ein physikalisches Gesetz, das auch in der Musik zum Tragen kommt: Je voluminöser der Resonanzkörper eines Instruments ist, desto tiefere und lautere Töne können erzeugt werden. Auf den Konflikt übertragen lautet die versteckte Botschaft einer tiefen und lauten (männlichen) Stimme: »Ich habe, das kannst du hören, einen voluminösen und daher kräftigen (Resonanz)-Körper.« Oder freier übersetzt: »Höre meine Körperkraft.«

- Auch die Aufrichtung des Körpers, das »Sich-ins-Zeug- Legen« sowie die Ausdehnung des Oberkörpers durch in die Hüften gestemmte Hände vermitteln die Botschaft: »Schau mal, wie groß und stark ich bin!« Oder auch: »Sieh meine überlegene Kraft und unterwirf dich frühzeitig, um Verletzungen zu vermeiden!«
- Aggressive Mimik und Gestik, aber auch invasives Verhalten verwandeln die Inszenierung von Körperkraft (= Imponiergehabe) in Drohgebärden und senden die versteckte Botschaft an den Kontrahenten: »Ich bin nicht nur stark, sondern ich werde auch, solltest du nicht klein beigeben, meine überlegene Kraft gegen dich körperlich und verletzend einsetzen.«

Jedes Kind, jeder Jugendliche, jede Frau und auch jeder Mann kann aus eigener Erfahrung ein Lied davon singen: Ein aggressiv auftretender, brüllender und großer Mann hat schon so manche Gänsehaut verursacht – selbst wenn man von ihm weiß, dass er in einem Konflikt noch nie handgreiflich geworden ist.

Imponiergehabe + aggressive Körpersignale = Drohgebärden

Der Einsatz massiver Drohgebärden verfehlt in einem Konflikt selten sein Ziel: Die körperlich unterlegene Person wird durch die heimliche Androhung von Gewalt eingeschüchtert und verängstigt – und Angst macht gefügig!

Die oben beschriebene Beobachtung vieler Pädagoginnen scheint also zuzutreffen: Im Gegensatz zu den meisten Frauen haben große Männer die Möglichkeit, allein auf der Grundlage ihrer Physis Drohgebärden wirksam ins Spiel bringen zu können und dadurch Konflikte mit Kindern und auch größeren Jugendlichen schneller und effektiver zu regeln. Eine kleine und zierliche Frau dagegen, die in einem Konflikt mit einem größeren männlichen Jugendlichen Drohgebärden verwendet, wirkt lächerlich.

Doch der vermeintliche Vorteil kann sich ins Gegenteil verkehren: Gerade große und kräftige Lehrer oder Sozialarbeiter beklagen sich in unseren Seminaren darüber, dass ihre Konflikte mit männlichen Jugendlichen häufig eskalieren. Die Erklärung dieses Phänomens liegt auf der Hand: Aus der Erfahrung heraus, dass sie mit ihrer körperlichen Überlegenheit bei kleineren und schwächeren Kontrahenten schnell zum Ziel kommen, neigen große und starke Männer dazu, in ihren Konflikten frühzeitig Drohgebärden einzusetzen. Schon beim geringsten Anlass werden sie, ohne dass ihnen das bewusst sein muss, laut und aggressiv, um ihren jeweiligen Konfliktpartner einzuschüchtern und »zusammenzustauchen«.

Doch das Dilemma ist: Gerade bei denjenigen Jugendlichen, die ihr Konstrukt an Männlichkeit (aufgrund mangelnder Alternativen?) auf Körperkraft und Kampfbereitschaft gründen, bewirkt der vorschnelle Einsatz von Drohgebärden häufig das Gegenteil des gewünschten Effekts der Verängstigung. Die aggressiv angegangenen Jugendlichen werden nicht etwa eingeschüchtert, sondern durch das nach*drück*liche Auftreten der Pädagogen provoziert. (»Von dem lass ich mich doch nicht einschüchtern! Wer bin ich denn?!«) Die Folge: Die Jugendlichen »schlagen zurück« (»Sie können mir gar nichts!«), und der Streit eskaliert. Scheinbar harmlose Konflikte um Regelverstöße kippen durch den Einsatz einer lauten und aggressiven Stimme frühzeitig um und mutieren zu Kämpfen um männliche Überlegenheit. Der vermeintliche Vorteil von Größe und Körperkraft gerät für die betreffenden Männer dann zum Nachteil: Immer wieder provozieren sie – unbewusst oder bewusst – Machtkämpfe.

Doch wie immer dem auch sei: An Geschlecht und Körpergröße lässt sich wenig ändern – wohl aber an unserem Konfliktverhalten nach Regelverstößen. Daher haben wir mit unserem Modell der kontrolliert-eskalierenden Beharrlichkeit eine Vorgehensweise entwickelt, die auf den Einsatz von körperlichen Drohgebärden vollständig verzichtet und stattdessen auf Ressourcen zurückgreift, die ihre Wirkung unabhängig von Geschlecht und Körperkraft entfalten: *Präsenz.*

Präsenz statt Drohgebärden!

Die Unterschiede zwischen Präsenz und Drohgebärden zeigen sich wie folgt:

- *Innere Kraft statt Körperkraft:* Körpersprachliche Präsenz verweist auf die innere Haltung der Entschlossenheit, einen Konflikt durchstehen zu können und zu wollen. Die versteckte Botschaft von Präsenz lautet: »An meiner Präsenz erkennst du meine mentale Kraft und Angstlosigkeit. Ich werde den Konflikt bis zum Ende durchstehen.« Präsenz spiegelt also die innere Kraft wider. Drohgebärden dagegen bringen, wie bereits ausgeführt, die Körperkraft der betreffenden Person ins Spiel und vermitteln die versteckte Botschaft: »Ich bin muskulös und aggressiv!«
- *Angst vor Konsequenzen statt Angst vor körperlichen Verletzungen:* Präsenz setzt darauf, dass die regelverletzende Person Angst vor den Konsequenzen statt vor dem Gegenüber bekommt. Sie drückt aus: »Da ich den Konflikt durchstehe, werde ich auch dafür sorgen, dass du bei fortgesetzter Regelmissachtung die Konsequenzen zu tragen hast.« Drohgebärden dagegen arbeiten mit der Angst vor körperlichen Verletzungen: »Ich werde meine zur Schau gestellte Körperkraft gegen dich einsetzen, wenn du dich nicht regelkonform verhältst.«
- *Entspanntheit statt Anspannung:* Eine präsente Wirkung wird durch ein gewisses Maß an körperlicher Entspanntheit (= Gelassenheit!) erzeugt. Drohgebärden dagegen verlangen eine Anspannung des Körpers.

- *Gelassenheit statt Angst:* Präsenz strahlt aufgrund der größeren körperlichen Entspanntheit fehlende Angst aus und signalisiert dadurch Gelassenheit und Souveränität. Im Gegensatz dazu verraten Drohgebärden Angst. Denn wann »legen wir uns ins Zeug« und machen uns größer? Wenn wir uns einer Situation oder Person nicht gewachsen fühlen. Angst vor mangelnder Größe führt zur Inszenierung scheinbarer Stärke durch die Verwendung von Drohgebärden.

Wer Drohgebärden anwendet, entzieht sich einem Konflikt durch die Flucht nach vorn.

Aus diesen Unterscheidungen folgt: Eine kleine und zierliche Frau wird unsere Strategie der kontrolliert-eskalierenden Beharrlichkeit, die auf Präsenz statt auf Drohgebärden setzt, ebenso effektiv anwenden können wie ein großer und kräftiger Mann.

Ein erneuter Vergleich mit dem Sport mag diese These unterstützen: Seit einigen Jahren werden in der Fußball-Bundesliga der Männer auch Frauen als Schiedsrichterinnen eingesetzt. Und ebenso wie ihre männlichen Kollegen vermögen sie die bisweilen durchaus harten Spiele souverän und sicher zu lenken. Denn ähnlich wie in der Pädagogik geht es auf dem Platz um deeskalative oder konfrontative Präsenz, und nicht um körperliche Drohgebärden. Auch die heimliche Botschaft der gelben Karten, die die Unparteiischen den wiederholt leicht oder auch schwer foulenden (körperlich überlegenen!) männlichen Spielern zeigen, lautet: »Ich habe adäquate Gegenmaßnahmen; halten Sie sich an die Regeln, sonst werde ich bei wiederholtem Regelverstoß auf die Konsequenz-Ebene zurückgreifen: Platzverweis!« Körperliche Überlegenheit und Geschlecht spielen bei der professionellen Ausübung des Schiedsrichterberufes – ebenso wie in der Pädagogik – (fast) keine Rolle.

Fazit

1. In einem Konflikt um einen Regelverstoß wird unser Auftreten von der Person, die die Regel missachtet, bewertet. Die Gültigkeit einer Regel muss daher überzeugend verkörpert werden.
2. Mit seinem massiven und aggressiven Widerstand will unser Konfliktpartner uns Angst machen. Im gesamten Verlauf des Konflikts sucht er in unserem Auftreten nach Anzeichen davon.
3. Implosion und Explosion offenbaren Hilflosigkeit. Unser Auftreten sollte demnach Selbstsicherheit und Gelassenheit ausstrahlen.
4. Ein gehaltener Blick in einem Konflikt signalisiert innere Stärke. Halten wir daher während einer konfrontativen Intervention um einen Regelverstoß den Blick. Schauen wir notfalls auf die Nasenwurzel unseres Kontrahenten. Bei der deeskalativen Intervention lösen wir dagegen nach ein paar Sekunden den Blickkontakt auf, um keinen unnötigen Druck aufzubauen und unnötige Machtkämpfe zu vermeiden.
5. Wollen wir in einem Konflikt um einen Regelverstoß eindrucksvoll auftreten, benötigen wir Präsenz. In der deeskalativen Präsenz wahren wir Abstand und stellen uns leicht seitlich zu unserem Konfliktpartner auf; in der konfrontativen Präsenz dagegen verringern wir den Abstand und stellen uns konfrontativ vor unseren jeweiligen Kontrahenten.
6. Halten wir gerade bei der Konfrontation den Mindestabstand (= etwas mehr als ein Meter) zu unserem Kontrahenten ein, so vermeiden wir die Gefahr, dass dieser sich in die Ecke gedrängt fühlt und mit erbittertem Widerstand reagiert.

7. Verzichten wir auf den Einsatz von Drohgebärden. Denn im Gegensatz zu Drohgebärden kann sich die souveräne Wirkung einer gelassenen Präsenz in einem Konflikt vollkommen unabhängig von Geschlecht, Größe und Körperkraft entfalten.

Das KEB-Modell: Die Strategie

Nachdem wir im letzten Teil des Buches die wichtigsten Techniken vorgestellt haben, die Sie zur erfolgreichen Bewältigung von Konflikten nach Regelverstößen benötigen, werden wir diese jetzt zu einer kompletten Strategie zusammenfassen. Unser System folgt dabei einem ebenso einfachen wie grundlegenden Prinzip, das wir dem Fußball entlehnt haben: der kontrollierten Eskalation, die von Schiedsrichterinnen und Schiedsrichtern nach Fouls angewendet wird.

Der mündlichen Ermahnung nach einem leichten Foul auf dem Fußballplatz entspricht bei uns die *Phase 1* der Konfliktbewältigung: freundlich-bestimmtes Auftreten mit der beharrlich vorgetragenen Erwartung an die regelverletzende Person, sich regelkonform zu verhalten (= Deeskalation). Die gelbe Karte findet ihre Analogie in *Phase 2*: energisch-bestimmtes Auftreten in Verbindung mit beharrlichen Aufforderungen (= Konfrontation). Und dem Platzverweis schließlich entspricht bei uns die *Ebene der Konsequenzen*. Die folgende Grafik gibt Ihnen einen groben Überblick über unser Stufenmodell:

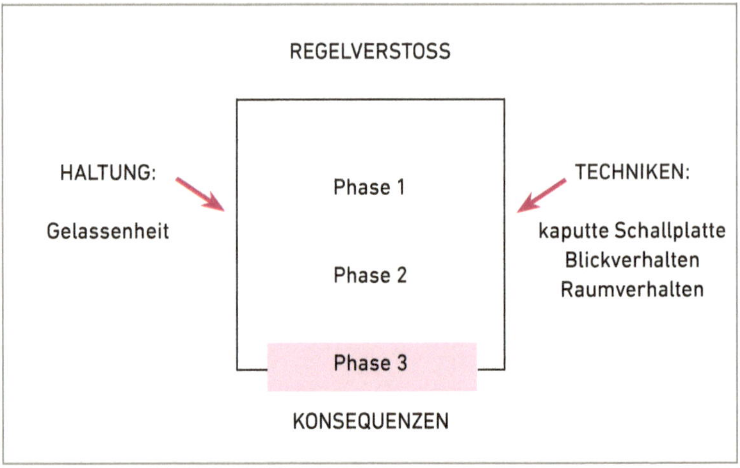

Phase 1: Freundliche Bestimmtheit

Die erste Phase der kontrolliert-eskalierenden Beharrlichkeit, die freundliche Bestimmtheit, ist das, was man als Deeskalation bezeichnen kann. Sie ist, wie oben bereits erörtert, die Reaktion auf leichte Regelverstöße. Im Fußball entspricht die Deeskalation dem, wie Schiedsrichterinnen und Schiedsrichter diesseits der gelben oder roten Karten auftreten, wenn die Spielerinnen oder Spieler auf dem Feld leichte Regelverstöße begehen: Pfiffe verbunden mit verbal vorgetragenen Erwartungen und Ermahnungen.

Dabei ist wichtig: Wenn Sie beim Lesen des folgenden Kapitels über die freundliche Bestimmtheit gedankliche Analogien zu eigenen Konflikten mit Kindern oder Jugendlichen herstellen, dann denken Sie bitte an *leichte* Regelverstöße. Beachten Sie dabei bitte auch, dass ein leichter Regelverstoß, der sich in einem eng umrissenen Zeitraum mehrmals wiederholt hat, zu einem mittelschweren

Regelverstoß anwächst. Und nach einem mittleren Regelverstoß dürften Sie nicht mehr deeskalierend auftreten (= freundliche Bestimmtheit), sondern Sie müssen mindestens Gelb zeigen: energisch-bestimmtes Auftreten (= Gelb).

Die meisten der Regelverstöße, mit denen wir uns seitens von Kindern und Jugendlichen konfrontiert sehen, sind leichte Grenzverletzungen. Ihr nervensägendes Potenzial liegt meistens nicht in der Schwere des jeweiligen Vergehens, sondern in deren Häufigkeit. Und auch hier findet sich eine erneute Analogie zum Fußball: Die zahlreichsten Interventionen der Unparteiischen sind Ermahnungen, also deeskalative Eingriffe als Reaktion auf leichte Regelverstöße. Gelbe oder gar rote Karten müssen in den meisten Spielen nur selten gezogen werden. Und da auch im pädagogischen Kontext die Deeskalation die häufigste Intervention darstellen sollte, lohnt sich eine kurze theoretische Betrachtung dieser so wichtigen Strategie: Deeskalation ist die Verbindung von Durchsetzungsfähigkeit (= Bestimmtheit) mit wertschätzendem Verhalten (= Freundlichkeit). Und diese beiden Pole der Deeskalation, nämlich die Durchsetzungsfähigkeit und das wertschätzende Verhalten, können Sie je nach Erfordernis unterschiedlich akzentuieren. Anhand eines konkreten Beispiels aus einer Jugendeinrichtung werden wir Ihnen diese beiden Pole und deren unterschiedliche Akzentuierung erläutern.

Akzentuierung der Durchsetzungsfähigkeit

Marvin, ein 16-jähriger Jugendlicher, verstößt in einer städtischen Jugendeinrichtung gegen die Regel, nach der es verboten ist, innerhalb des Hauses Alkohol zu trinken. Er hat in seiner Tasche eine Flasche versteckt, aus der er heimlich nippt. Marvin, so wissen die Sozialarbeiterinnen und Sozialarbeiter des Jugendhauses aus Erfahrung, braucht in Konflikten klare Ansagen; eine allzu betonte Freundlichkeit wertet er als Schwäche. Der diensthabende Sozialarbeiter, der das heimliche Trinken des Jugendlichen zufällig beobachtet, stellt demnach die beiden Regler der Deeskalation bei Marvin so ein, dass er die Durchsetzungsfähigkeit stärker akzentuiert als das wertschätzende Verhalten:

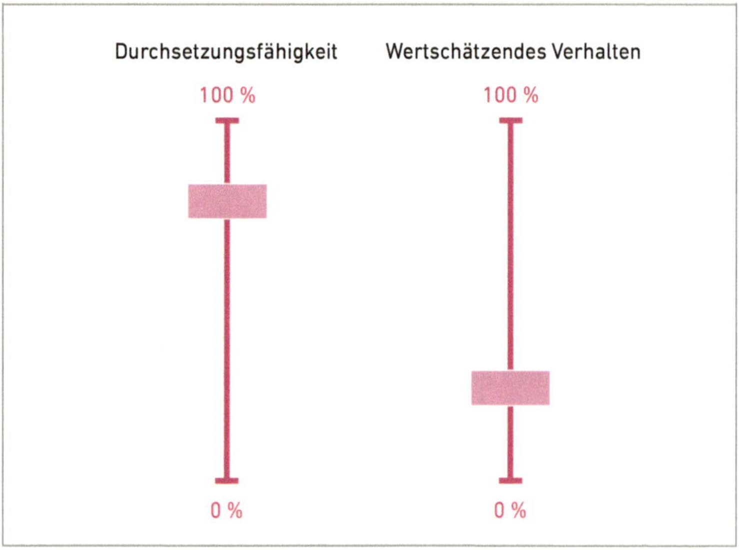

»Marvin, du hast gerade heimlich getrunken. Was ist in deiner Flasche?«

»Wie, in meiner Flasche? Was soll der Quatsch? Ich habe nichts getrunken.«

»Doch, ich habe es gesehen. Du weißt, dass hier striktes Alkoholverbot herrscht. Also bitte: Zeig mir die Flasche.«

»Da ist Cola drin, und kein Alkohol.«

»Zeig mir die Flasche und wir werden sehen.«

»Wieso sollte ich meine Tasche zeigen? Das ist meine Privatsache. Wo sind wir denn hier …?«

»Zeig sie mir bitte.«

»Was soll das denn jetzt? Ich werde doch wohl noch Cola trinken dürfen, oder?«

»Marvin, mach es nicht noch schlimmer: Zeig mir die Cola, und alles ist okay.«

»Nö, zeig ich nicht. Sie können mir gar nichts.«

»Marvin, die Regeln sind klar: Mach deine Tasche auf und zeig mir die Flasche.«

»Mach ich nicht!«

»Zeig sie mir.«

»Na gut, das ist Cola mit ’nem kleinen Schuss Rum drin. Aber wirklich nur ein klitzekleiner – den schmeckt man kaum.«

An der Auseinandersetzung können Sie erkennen, dass der Sozialarbeiter variationsreich die Technik der kaputten Schallplatte anwendet. Da wir nur den Wortlaut des Dialogs wiedergeben können, müssen wir an dieser Stelle ein paar nähere Angaben zum Auftreten des Sozialarbeiters einfügen. Auch hier werden Sie einige Prinzipien wiederfinden, die wir bereits im Kapitel über die Körpersprache vorgestellt haben:

- Der Sozialarbeiter spricht in einem durchgehend freundlichen Tonfall mit Marvin. Seine Stimme lässt jedes Anzeichen von Aggressivität vermissen. Im Gegensatz zu Marvin, der seinen Widerstand laut und aggressiv-provozierend kundtut, verzichtet der Sozialarbeiter auf den Einsatz seiner Stimme als Drohgebärde. Seine durch die Freundlichkeit vermittelte Botschaft an den Jugendlichen lautet: »Ich habe etwas gegen dein konkretes Verhalten, aber nichts gegen deine Person. Und bei aller Kritik deines Verhaltens bin ich dir generell freundlich bis freundschaftlich gesonnen!« Die Freundlichkeit des Sozialarbeiters vermittelt Wertschätzung und dient somit der Deeskalation des Konflikts.

- Er tritt relativ dicht an den Jugendlichen heran, ohne jedoch in dessen persönliche Distanzzone einzudringen. Der Sozialarbeiter hält den Mindestabstand von einem Meter ein. Dadurch vermeidet er, dass sich der Jugendliche in die Ecke gedrängt fühlt. Außerdem stellt er sich nicht konfrontativ vor den Jugendlichen, sondern positioniert sich leicht seitlich zu Marvin.
- Der Sozialarbeiter »legt sich nicht ins Zeug«, sondern seine Haltung und seine Bewegungen bleiben während des gesamten Disputs dauerhaft entspannt und locker. Die relative Entspanntheit signalisiert dem Jugendlichen die Angstfreiheit des Sozialarbeiters.
- Der Sozialarbeiter agiert ruhig, um einerseits Souveränität zu signalisieren und andererseits durch die eigene Ruhe auch den Jugendlichen zu beruhigen.

Damit diese wertschätzenden Signale des Sozialarbeiters von Marvin nicht als Schwäche missverstanden werden, kombiniert er sie mit einem hohen Maß an verbaler Bestimmtheit: Er wendet das Prinzip der kaputten Schallplatte relativ wörtlich an. Jede der kurzen verbalen Äußerungen, Erklärungen und Empathiebekundungen des Sozialarbeiters endet mit der Formulierung seiner Kernbotschaft: »Die Regel gilt = Zeig mir die Flasche.« Und mit dieser Beharrlichkeit akzentuiert er sein klares und bestimmtes Auftreten.

Kurzum: Mithilfe seiner Freundlichkeit betont der Sozialarbeiter seine Wertschätzung, und mittels seiner Festigkeit und Beharrlichkeit kommuniziert er dem Jugendlichen die versteckte Botschaft: »Missverstehe meine Freundlichkeit nicht als Schwäche. Ich werde diesen Konflikt durchstehen. Daran besteht kein Zweifel.«

Das bestimmte und beharrliche Auftreten in einem Konflikt signalisiert Durchsetzungsfähigkeit und Stärke.

Erneut erschließt sich, warum die kaputte Schallplatte lediglich die verbale Technik innerhalb einer ganzheitlichen Strategie sein kann: Nonverbale Signale der Wertschätzung haben maßgeblichen Anteil daran, dass das eigene Auftreten auch tatsächlich deeskalativ wirkt. Ohne wertschätzendes Verhalten übt die kaputte Schallplatte zu viel Druck aus und droht, Machtkämpfe zu provozieren.

Akzentuierung des wertschätzenden Verhaltens

Als Kontrast zu diesem eher durchsetzungsstarken Auftreten des Sozialarbeiters möchten wir Ihnen jetzt eine Variation der Deeskalation vorstellen, in der eher das wertschätzende Verhalten akzentuiert wird. Dafür »konstruieren« wir uns jetzt einen anderen Marvin: Dieser hat die Tendenz, schnell aufzubrausen. Er empfindet die Interventionen von Erwachsenen nach seinen Regelverstößen oder Grenzverletzungen schnell als persönliche Angriffe und fühlt sich erniedrigt. Um sich vor Erniedrigungen zu schützen, mauert er sofort oder geht sogar zu Gegenangriffen über. Mit anderen Worten: Die Sozialarbeiterinnen und Sozialarbeiter haben bereits viele Machtkämpfe mit diesem Marvin erlebt. Sie empfinden ihn als einen Jugendlichen »mit kurzer Zündschnur« bzw. als »tickende Zeitbombe«: Ein Funke genügt, und Marvin fängt Feuer und explodiert. Aus diesem Grund wissen sie, dass ihn ein durchsetzungsstarkes Auftreten wie in dem Beispiel oben rasch in die Eskalation treiben würde. Demnach akzentuiert der diensthabende Sozialarbeiter bei diesem Marvin eher das wertschätzende Verhalten als die Durchsetzungsfähigkeit – er stellt die beiden Regler anders ein als in dem vorigen Beispiel:

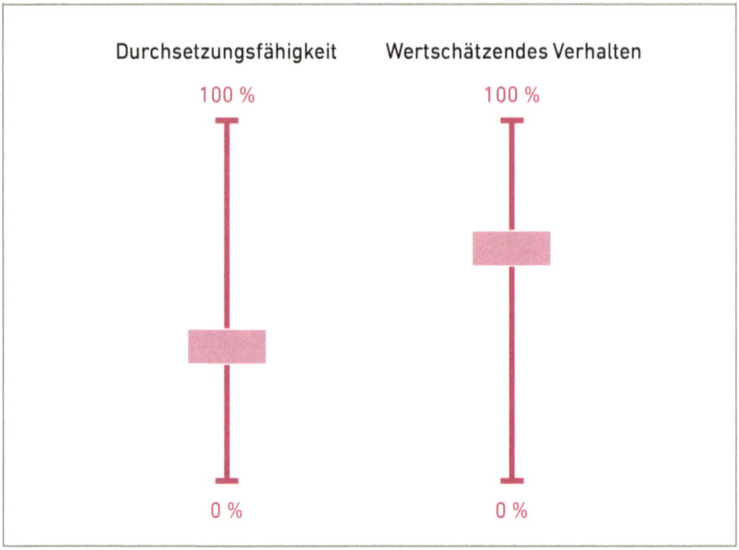

»Marvin, du hast eine Flasche in deiner Tasche versteckt und heimlich daraus getrunken. Was ist da drin?«

»Wie, in meiner Tasche? Was soll denn das?«

»Komm, lass uns kein Spielchen spielen. Du hast heimlich getrunken. Ich habe es gesehen. Ich weiß, dass du es blöd findest, dass es hier bei uns keinen Alkohol gibt, aber so ist nun mal die Regel. Also komm, zeig mir bitte die Flasche, die du in deiner Tasche hast.«

»Da ist Cola drin, und kein Alkohol.«

»Okay, gegen Cola ist nichts einzuwenden. Dann zeig mir bitte die Cola.«

»Ich bin doch nicht blöd und zeige jedem meine Tasche. Wer bin ich denn?!«

»Marvin, du weißt, dass wir beide gut miteinander klarkommen. Warum plötzlich dieser Stress? Ist doch klar, dass ich davon ausgehen muss, dass da Alkohol drin ist, wenn du mir die Flasche nicht zeigen willst. Und ich weiß auch, dass du gern mal einen Schluck Alkohol trinkst. Ist ja eigentlich auch nichts gegen einzuwenden. Aber nicht hier in unserer Einrichtung. An diese Regelung halte ich mich auch, obwohl ich manchmal gern ein Bier trinken würde.«

»Ist aber kein Alkohol drin, ehrlich nicht.«

»Dann kannst du mir die Flasche ja zeigen.«

»Warum denn? Mach ich nicht.«

»Komm, lass uns den Fall nicht hochkochen. Die Regelung ist doch klar: Ist da Alkohol drin, hast du für heute Abend Hausverbot; und morgen Abend zur Disco sehe ich dich wieder. Zeig mir die Flasche, und der Fall ist erledigt.«

»Nein, zeig ich nicht. Sie können mir gar nichts.«

»Marvin, die Regel gilt für alle: Letzte Woche musste Mehmet mir seine Flasche zeigen, und jetzt du. Also bitte.«

»Ja, ist ja schon gut. Da ist Alkohol drin!«

Der Sozialarbeiter bleibt während des gesamten Dialogs in der Deeskalation. Um dem Jugendlichen möglichst wenig Anlass zum Widerstand zu geben, betont er innerhalb dieser Phase die Freundlichkeit seines Auftretens zuungunsten der Bestimmtheit: Immer wieder unterstreicht er, dass er Verständnis für Marvins Verhalten hat. Zusätzlich gibt er ihm ausführliche erklärende Hinweise, warum er so handeln muss. Und wiederholt betont er nicht nur durch seine körpersprachlichen Signale, sondern auch verbal, wie gut die Beziehung ist und wie sehr er Marvin mag. Das Ergebnis gibt ihm Recht: Bedingt durch das durchgehend freundliche und wertschätzende Konfliktverhalten des Sozialarbeiters fallen Marvins aggressive Reaktionen in diesem Falle vergleichsweise gemäßigt aus.

Wertschätzendes Verhalten beruhigt, sodass die Kernbotschaft ankommen kann.

Der Sozialarbeiter schafft es mit seinem wertschätzenden Vorgehen, Marvins aufkeimenden Widerstand immer wieder abzuschwächen und ihn zu beruhigen. Und trotzdem ist er auch in diesem Beispiel klar und bestimmt. Denn jede (umfangreiche) wertschätzende Einlassung endet sinngemäß mit der Kernbotschaft: Die Regel gilt – also zeig mir die Flasche.

Anhand dieser beiden fiktiven Marvins haben wir die Bandbreite der freundlichen Bestimmtheit ausgelotet. Bei aller Unterschiedlichkeit weisen sie eine große Gemeinsamkeit auf: Beide Interventionen des jeweiligen Sozialarbeiters waren deeskalativ. Im ersten Fall wurde die Durchsetzungsfähigkeit stärker betont, und im zweiten Fall das wertschätzende Verhalten – ohne jedoch auf das jeweils andere zu verzichten. Denn auch im ersten Durchgang hat sich der Sozialarbeiter (dosiert) wertschätzend verhalten, und im zweiten Durchgang (dosiert) durchsetzungsstark. Er hat das Grundprinzip der Deeskalation, nämlich die Verbindung von Durchsetzungsfähigkeit mit wertschätzendem Verhalten (= freundliche Bestimmtheit), in beiden Interventionen in die Praxis umgesetzt.

Die Klippen des Scheiterns

Die erste Phase der Strategie der kontrolliert-eskalierenden Beharrlichkeit, die freundliche Bestimmtheit, wirkt auf den ersten Blick so einfach, dass es fast müßig erscheint, weitere Worte darüber zu verlieren. Stellen wir sie in unseren Seminaren vor, wird sie meist verständnisvoll abgenickt.

»Alles klar, und weiter«, so kann man den Körpersignalen der Teilnehmerinnen und Teilnehmer entnehmen, seien das nun Lehrer, Sozialarbeiterinnen, Erzieher, Pflegepersonen oder Eltern. Erst in der Durchführung von Rollenspielen offenbaren sich die Schwierigkeiten dieser ersten Phase der Konfliktbewältigung nach Regelverstößen:

- *Diskussionen:* Oft scheitern wir, wie bei der Vorstellung der kaputten Schallplatte bereits angesprochen, an unseren eigenen Ansprüchen. Wir suchen während eines Konflikts verzweifelt nach einem originellen Ansatz. Wir verlangen von uns kreative Glanzleistungen und ringen um den Einsatz von Schläue, Schlagfertigkeit und Intelligenz. Und vor allem glauben wir, dass wir zusätzliche Argumente finden müssen, mit denen wir unsere Erwartungen untermauern können (= Einsichts-Falle). Jede dieser Klippen verführt uns dazu, dass wir uns auf den Nebenschauplätzen des Konflikts verlieren: in Diskussionen.
  Wenn wir mit den regelverletzenden Kindern und Jugendlichen diskutieren, dann bedeutet das nichts anderes, als dass der Regler für wertschätzendes Verhalten sehr hoch eingestellt ist, der für Durchsetzungsfähigkeit aber extrem niedrig. Und dann ist unser Vorgehen nicht mehr deeskalativ, sondern unsere Kernbotschaft (= Die Regel gilt!) bleibt auf der Strecke bzw. wird zu einer Randnotiz. Wir werden zum Spielball der Kinder und Jugendlichen und befinden uns im pädagogischen »Weichei-Bereich«.

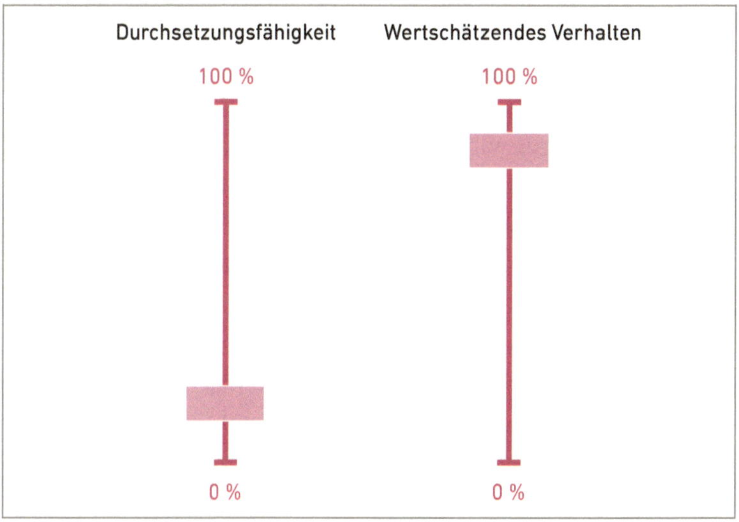

Beschränken wir uns verbal daher auf das Notwendigste: Beharren wir auf unserem Anspruch, dass unser Gegenüber die Regel beachtet und das tut, was wir von ihm möchten (»kaputte Schallplatte«). Nicht mehr, aber auch nicht weniger.

- *Ungeduld:* Scheitern wir nicht an unserer Ungeduld! Wer die freundliche Bestimmtheit die ersten Male anwendet, wird feststellen, dass uns Sekunden vorkommen können wie Minuten. Wir werden ständig denken und fühlen: »Jetzt muss doch was passieren. Irgendwas Neues muss doch kommen!« Nein, muss es nicht! Verlassen wir uns einfach darauf, dass auch unserem Gegenüber die Sekunden quälend lange vorkommen. Und vertrauen wir darauf, dass wir den längeren Atem haben. Je stärker wir vermitteln, dass wir den Konflikt problemlos stundenlang durchstehen könnten, desto schneller wird der Widerstand unseres Kontrahenten zusammenbrechen. Denn dieser spürt die innere Selbstgewissheit hinter unserer Ruhe und erkennt: »Der zieht das durch. Aus der Sache komme ich nicht einfach so heraus. Es hat keinen Zweck.«

Wer in einem Konflikt größer und lauter wird, fühlt sich der Situation nicht gewachsen und ist innerlich nicht groß, sondern klein.

- *Eskalation:* Damit wir aber diese Ruhe ausstrahlen können, ist es wichtig, dass unser Verhalten innerhalb dieser Phase auf der gleichen Eskalationsstufe bleibt. Unser Auftreten darf sich nicht durch vermehrten Druck (= langsames Anheben des Reglers für Durchsetzungsfähigkeit) intensivieren. Denn das wertschätzende Verhalten bleibt mit zunehmendem Druck auf der Strecke, und der Konflikt mutiert zu einem erbitterten Machtkampf – Druck erzeugt Gegendruck. Bleiben wir daher während des gesamten Konflikts möglichst auf einem unveränderten Pegel der Durchsetzungsfähigkeit. Werden wir nicht lauter oder aggressiver.

Wir wissen: Diese Ratschläge sind leichter erteilt als in die Praxis umgesetzt. In unseren Rollenspielen erleben wir immer wieder, wie schwierig es ist, die deeskalative Strategie der freundlich-bestimmten Beharrlichkeit auch nur für 40 bis 50 Sekunden durchzuhalten: Einige Seminarteilnehmer fangen aus lauter Hilflosigkeit an, mit den Kontrahenten zu diskutieren.

Anderen schwillt allmählich der Kamm, und irgendwann platzt ihnen der Kragen. Die Umsetzung und Anwendung dieser ersten Phase erfordert vor allem eins: Übung. Sie werden sich erst daran gewöhnen müssen, innerhalb dieser Phase nichts zu verändern. Es wird Ihnen zunächst sehr fremd vorkommen, nichts weiter zu tun, als gleichbleibend präsent und freundlich darauf zu beharren, dass sich Ihr Gegenüber an die vorgegebenen Regeln hält. Die Schwierigkeit, aber auch die Kraft liegt in der Einfachheit und Beharrlichkeit der freundlichen Bestimmtheit.

Unser größter Gegner sind wir selbst

Die optimalen Voraussetzungen für diese erste Phase der kontrolliert-eskalierenden Beharrlichkeit sind immer dann gegeben, wenn wir uns in einer relativ gelassenen Grundstimmung befinden. Sind wir entspannt und ausgeglichen, fällt es uns auch im Konfliktfall leichter, trotz des provozierenden Widerstands unseres Gegenübers entspannt und gelassen zu reagieren und die Phase 1 mit freundlicher Bestimmtheit zu meistern.

Beim Prinzip des »Auge um Auge« sind beide Kontrahenten blind.

Doch wehe, wir sind gestresst und geraten an einen Kontrahenten, der uns ohnehin schon nervt mit seinen »ständigen« Regelverstößen und Aufsässigkeiten. Dann spüren wir schnell, wie schwierig es sein kann, gleichbleibend gelassen zu bleiben. Überprüfen wir uns selbst: Wohin tendieren wir, wenn uns die Gelassenheit schwer fällt und wir spüren, dass wir mit dem Rücken zur Wand stehen?

- *Gegenangriff:* Wenn wir merken, dass wir innerlich mit jeder Sekunde mehr kochen vor Wut und unseren Kontrahenten am liebsten packen würden, um ihn zu regelkonformem Verhalten zu zwingen, dann neigen wir in einem Konflikt eher zur Angriffsstrategie. Aber unser Hauptgegner in dieser Auseinandersetzung ist dann nicht der Kontrahent, der sich fortgesetzt weigert, die Regel zu beachten. Unser Hauptgegner, der es uns schwer macht, die Strategie der Deeskalation trotz Gegenwehr des Gegenübers zu verfolgen, ist unsere eigene Gewohnheit, das Gefühl der Hilflosigkeit durch die Erhöhung von Druck oder sogar durch einen verletzenden und herabwürdigen Angriff gegen den Kontrahenten umzulenken.
  Damit käme ein innerer Gegner ins Spiel, vor dem wir uns hüten sollten: Nicht die regelverletzende Person betreibt die Eskalation, sondern unsere eigene Konfliktgewohnheit des Gegenangriffs. Dieser tief verinnerlichte Automatismus greift besonders dann, wenn wir uns von unserem Kontrahenten in die Enge getrieben fühlen. Der Satz »Du provozierst mich, deshalb schlage ich jetzt umso heftiger zurück« müsste eigentlich heißen: »Ich bin es gewohnt, eine Provokation als Angriff zu werten und unverzüglich und reflexhaft mit einem Gegenangriff zu antworten.« Unsere wichtigste Aufgabe besteht dann darin, dass wir uns durch emotionale Distanzierung in Gelassenheit üben. Gelassenheit siegt über Aggressivität – die des Gegners und die eigene!
- *Drehen und Wenden:* Wenn wir spüren, dass wir am liebsten auf jedes Argument und jede Ausflucht unseres Gegenübers mit einer Diskussion reagieren würden, dann ist es vermutlich unsere Angst vor einem konfrontativen Konflikt, die uns auf Abwege führt.
  Unsere Hoffnung ist: Solange wir in einem Konflikt die Argumente hin und her wenden können, müssen wir nicht eindeutig Stellung beziehen. Und solange wir nicht Stellung beziehen,

kann auch unser Kontrahent uns nicht auf einen Standpunkt festnageln. Doch leider stellen wir uns mit jeder Diskussion nach einer Regelverletzung selbst ein Bein. Denn alles ist bereits ausdiskutiert. In diesem Fall heißt es einfach festlegen, Stellung beziehen und darauf beharren: »Die Regel gilt.«

Wer bei einem Regelverstoß keine Stellung bezieht, versucht, sich dem Konflikt nicht zu stellen.

Unser eigentliches Problem ist unsere eigene Angst vor Konflikten und die damit verbundenen möglichen Beziehungsstörungen. Die in diesem Buch vorgestellten Techniken und mentalen Haltungen können helfen, uns in der notwendigen Standfestigkeit zu üben.

- *Flucht:* Haben auch Sie schon erlebt, dass Ihnen angesichts des fortschreitenden Widerstands Ihres Gegenübers die Stimme versagt, Sie den Blick nicht halten können, unruhig von einem Bein aufs andere treten und Ihre Knie weich werden? Dass Sie am liebsten wegrennen würden?

  Aber wir können nicht flüchten. Jeder Konflikt um einen Regelverstoß, vor dem wir fliehen, holt uns in Form von weiteren Regelverstößen wieder ein. Wir müssen diese Konflikte durchstehen, so schwer uns das auch fallen mag.

  Was die Angst in uns verursacht, ist die Erfahrung, solchen Situationen nicht gewachsen zu sein. Es ist die Angst vor der eigenen Unsicherheit oder gar Schwäche in Konflikten, die in vielen von uns schlummert. Diese Unsicherheit wird durch das aggressive Auftreten unseres Kontrahenten nicht verursacht, sondern lediglich ausgelöst.

  Auch bei dieser Variante gilt: Trainieren wir unsere Standfestigkeit, indem wir uns aus den Hilfestellungen das herausnehmen, was wir gebrauchen und umsetzen können, um künftig souveräner und sicherer in Konflikten um Regelverstöße auftreten zu können.

Wer sich aus einem Konflikt davonstiehlt, beraubt sich der eigenen Autorität.

Machen wir uns nichts vor: Wir alle haben unsere eigenen Hintertürchen, durch die wir schlüpfen, wenn wir in einem Konflikt mit dem Rücken zur Wand stehen. Wir flüchten uns in die Aggressivität, in den Schwall der Worte, in die Erstarrung oder die besänftigende Schwachheit, um möglichst ungeschoren aus einer zugespitzten Auseinandersetzung herauszukommen. Oder aber wir glauben, Konflikten um Regelverstöße dadurch aus dem Weg gehen zu können, dass wir sie geflissentlich übersehen. All diese mühsam erlernten Gewohnheiten und Automatismen sollen uns vor Verletzungen und Niederlagen bewahren. Und sosehr sich die vorgestellten Konfliktgewohnheiten auf den ersten Blick auch unterscheiden mögen – sie alle basieren auf Ängsten und unserer Unfähigkeit, mit diesen Ängsten in Konflikten angemessen umgehen zu können.

Jede dieser Fluchten ist verständlich, aber für die beschriebenen Situationen kontraproduktiv: Die Konflikte treten dann nicht nur häufiger auf, sondern verlaufen auch heftiger, sollten wir auf eines der oben beschriebenen Muster zurückgreifen. Daher ist es hilfreich, dass wir uns mit den genannten Hintertürchen beschäftigen, damit wir diese irgendwann schließen können. Denn eines ist klar: Da wir angesichts eines Regelverstoßes in einer umfassenden – auch pädagogischen – Verantwortung stehen, können und dürfen wir den Kontrahenten weder angreifen noch verletzen. Auch dürfen wir den Regelverstoß nicht durchgehen lassen, indem wir wegschauen oder aus dem Konflikt flüchten. Die Strategie der Deeskalation (= freundliche Bestimmtheit) kann helfen, die Auseinandersetzungen durchzustehen, ohne uns in unsere gewohnten Konfliktmuster zu flüchten.

Eigene automatisierte Konfliktgewohnheiten lassen sich ändern – die Verhaltensweisen unserer Kontrahenten nicht.

Und: Solange wir spüren, dass wir selbst es sind, die uns in Konflikten immer wieder im Weg stehen, und nicht unser jeweiliger

Kontrahent, haben wir die Möglichkeit, unsere Standfestigkeit zu üben und zu verbessern.

Wie viel mühsamer wäre es, alle Menschen, die uns beruflich oder privat ein Bein stellen möchten, dahingehend zu erziehen, dass sie es unterlassen? Einen festen Standpunkt zu entwickeln und sich von den Fallstricken unserer Mitmenschen nicht aus dem Gleichgewicht bringen zu lassen, erfordert bedeutend weniger Energie und Aufwand als die Umerziehung unserer Mitmenschen – die ohnehin nicht funktionieren wird. Wenn wir erkennen, dass der größte Gegner in Konflikten um Regelverstöße nicht unser Gegenüber, sondern wir selbst sind, haben wir Möglichkeiten der Veränderung. Deshalb sei noch einmal betont: Üben wir uns in der Anwendung dieser ersten Phase der Strategie der kontrolliert-eskalierenden Beharrlichkeit – der freundlichen Bestimmtheit. Sie wird uns nicht unbedingt beim ersten Anlauf gelingen. Vermutlich stoßen wir – besonders unter Stress – bei den ersten Versuchen auf unsere guten alten Bekannten: unsere automatisierten Konfliktgewohnheiten. Aber je mehr wir üben, desto deutlicher wird unser Gespür für das Wesentliche dieser Strategiephase: deren Einfachheit.

Mit der Zeit wird alles besser

Mithilfe dieser ersten Phase der kontrolliert-eskalierenden Beharrlichkeit, der freundlichen Bestimmtheit (= Deeskalation), werden wir bereits den überwiegenden Teil der Regelverstöße nebst anschließendem Widerstand bewältigen können. Wie lange wir diese Phase im Konfliktfall anwenden, hängt von vielen Faktoren ab, die sich nur aus dem konkreten Einzelfall bestimmen lassen:

- Manchmal fehlt die Zeit, uns lange in dieser Phase aufhalten zu können.

- Ein anderes Mal haben wir aufgrund von Stress gar nicht die nötige Kraft und Gelassenheit, diese Konfliktphase durchzustehen.
- Vielleicht verlangt auch die Schwere des Regelverstoßes direkt eine härtere Reaktion, und wir überspringen die erste Phase (siehe nächstes Kapitel).
- Oder aber wir haben die Erfahrung gemacht, dass unser Gegenüber zu den wenigen Personen gehört, die Freundlichkeit mit Schwäche assoziieren und auf eine freundlich-bestimmte Ansprache nicht gemäß unseren Erwartungen reagieren.

Die Entscheidung, wie lange Sie am besten innerhalb dieser Phase verweilen, können wir hier nicht treffen. Dafür sind die verschiedenen Konfliktsituationen und Personen zu unterschiedlich.

Wir haben jedoch die Erfahrung gemacht, dass es ratsam ist, diese Phase nicht zu früh zu beenden, denn unsere Kraft und Entschlossenheit entfalten sich nicht zuletzt durch Beharrlichkeit und zeitliche Ausdauer, womit wir unser Gegenüber beeindrucken können: »Was auch passiert – ich stehe den Konflikt durch!«

In der überwiegenden Zahl der Regelverstöße, so die Rückmeldung von Teilnehmerinnen und Teilnehmern unserer Seminare, die unser Modell erfolgreich anwenden, dauert ein Konflikt bei Nutzung der vorgestellten Techniken nicht länger als 30 bis 60 Sekunden. Und ein weiteres erfreuliches Feedback hören wir immer wieder: Die Erfolgsquote der ersten Phase der kontrolliert-eskalierenden Beharrlichkeit liegt bei ca. 90 Prozent. Nur in zehn Prozent der Konflikte um Regelverstöße ist der Wechsel auf die Konsequenz-Ebene notwendig. Das heißt: Geschickt gestaltet ist die Deeskalation äußerst erfolgreich und hilft langfristig, Kräfte und Zeit zu sparen.

Mit jeder Sekunde der gelassenen Präsenz innerhalb eines Konflikts erhöht sich die eindrückliche Wirkung.

Fazit

1. Verwenden Sie die Technik der kaputten Schallplatte. Gestalten Sie Ihr Auftreten freundlich-bestimmt. Ihre durchgehende Freundlichkeit signalisiert Wertschätzung und vermeidet Eskalationen.

2. Begeben Sie sich mit körperlicher Präsenz in den Konflikt hinein: Treten Sie an Ihren Konfliktpartner heran, ohne dass Sie den Mindestabstand unterschreiten.

3. Bleiben Sie während der gesamten Phase gleichbleibend ruhig, gelassen und freundlich.

4. Keine Diskussionen! Keine Argumente! Ignorieren oder begrenzen Sie Beleidigungen und Provokationen. Bleiben Sie konsequent und freundlich bei Ihrem Anliegen, dass sich Ihr Gegenüber an die bekannte Regel zu halten hat.

5. Achten Sie auf sich selbst: Nicht Ihr Kontrahent ist Ihr schlimmster Gegner, sondern Ihre automatisierte Konfliktgewohnheit. Halten Sie Ihren inneren Gegner in Schach: Äußern Sie keine Aggressionen, aber auch keine Unsicherheiten.

6. Arbeiten Sie mit dem Faktor Zeit und Präsenz. Wechseln Sie nicht zu früh in die nächste Phase der kontrolliert-eskalierenden Beharrlichkeit. Halten Sie diese Phase einfach mal 40 bis 60 Sekunden durch. Vertrauen Sie auf die beeindruckende Wirkung Ihrer Präsenz.

Phase 2: Energische Bestimmtheit

Auf dem Fußballplatz bekommt ein wiederholt foulender oder auch ein erstmals mittelschwer foulender Fußballspieler die gelbe Karte gezeigt. Das Auftreten der Schiedsrichterin oder des Schiedsrichters bei der Verhängung dieser Maßnahme ist entschlossener, zielgerichteter, bestimmter, energischer und resoluter als bei einer Ermahnung nach einem leichten Foul:

- Der foulende Spieler wird mit eindeutigen und klaren Gesten, häufig in Verbindung mit einem langen und energischen Pfiff, von der Schiedsrichterin oder dem Schiedsrichter herbeizitiert.
- Andere (protestierende) Spieler werden fortgeschickt.
- Der oder die Unparteiische konfrontiert den Spieler von Angesicht zu Angesicht mit der Verwarnung: Der Spieler hat, während er die gelbe Karte gezeigt bekommt, die Konzentration vollständig dem Mann oder der Frau in Schwarz zu widmen. Dadurch besteht für ihn keine Chance, sich dem Konflikt zu entziehen.

Übertragen wir dieses schiedsrichterliche Auftreten bei einer Verwarnung in Form einer gelben Karte auf pädagogische Situationen. Zunächst halten wir fest: Die Konfrontation – also die energische Bestimmtheit – ist die angemessene Reaktion auf mittlere oder gar schwere Regelverstöße, nicht jedoch auf leichte! Denn so, wie eine gelbe Karte als Strafe für ein leichtes Foul als unangemessen und unfair empfunden würde, so kann auch die Konfrontation, also das massive Auftreten nach einem leichten Regelverstoß, von den betroffenen Kindern oder Jugendlichen als unangemessen, unfair und erniedrigend empfunden werden. Daher möchten wir noch einmal betonen: Phase 2, nämlich die energische Bestimmtheit, sollte ausschließlich nach mittleren oder schweren Regelverstößen oder Grenzverletzungen eintreten!

Modifizieren wir die Situation in dem Jugendhaus aus dem letzten Kapitel: Marvin hatte bereits mehrfach im Jugendhaus Alkohol getrunken und wird eines Abends von dem Sozialarbeiter erneut erwischt, wie er Alkohol aus einer heimlich mitgeführten Flasche trinkt. Bei diesem erneuten Trinken handelt es sich also nicht um einen leichten, sondern um einen mittleren oder gar schweren Regelverstoß. Also konfrontiert der Sozialarbeiter Marvin mittels der energischen Bestimmtheit:

»Marvin, du trinkst wieder Alkohol. Du bekommst drei Tage Hausverbot; das hatten wir dir deutlich gesagt. Du verlässt jetzt die Einrichtung!«
»Was soll das denn? Drei Tage waren überhaupt nicht vereinbart.«
»Das war eine klare Ansage – und ich diskutiere das auch nicht. Du gehst jetzt!«
»Nö, seh' ich gar nicht ein. Ich bleibe.«
»Marvin, du gehst jetzt.«
»Mach ich überhaupt nicht! Ihr seid doch nicht die Bullen. Ihr habt mir gar nix zu sagen.«
»Marvin, du gehst.«
»Und was ist, wenn nicht? Willst du mich rausprügeln?«
»Du gehst – keine Diskussion.«
»Aber morgen komme ich wieder.«
»In drei Tagen!«

Sie sehen, dass sich der konfrontative Auftritt des Sozialarbeiters von den beiden Deeskalations-Varianten des letzten Kapitels in einigen Punkten deutlich unterscheidet:

- Der Sozialarbeiter spricht in einfachen, kurzen und klaren Sätzen.
- Das Wort »bitte« kommt nicht mehr vor.
- Der Sozialarbeiter gibt keine Erklärungen oder Verständnisäußerungen mehr ab.
- Sämtliche Formulierungen, die in Phase 1 noch die Freundlichkeit unterstrichen haben, weichen einer direkten Aufforderung.
- Der Sozialarbeiter verwendet häufig die Namensnennung des Jungen, um den Grad der Verbindlichkeit zu erhöhen.
- Der Sozialarbeiter spricht im Präsens: »Du gehst.« Dadurch nimmt er sprachlich das vorweg, was der Jugendliche (hoffentlich) anschließend tun wird.

Doch bei aller Unterschiedlichkeit der Vorgehensweise ist es offensichtlich, dass der Sozialarbeiter auch in der Konfrontation die Technik der kaputten Schallplatte anwendet. Die Formulierungen werden im Gegensatz zur ersten Phase sogar noch stereotyper. Die Ähnlichkeit mit einer Nadel, die auf der Schallplatte immer wieder in die letzte Rille zurückspringt, wird noch offensichtlicher. Mithilfe dieser Stereotypie unterstreicht der Sozialarbeiter auf der sprachlichen Ebene, dass dem Jugendlichen nur noch die eine Möglichkeit bleibt: »Du gehst.«

Stereotype Präsenssätze wirken suggestiv und erhöhen die Eindrücklichkeit des Auftretens.

Auch in Phase 2 der kontrolliert-eskalierenden Beharrlichkeit macht der Ton die Musik. Wir geben Ihnen einige Anhaltspunkte, damit Sie sich das nonverbale Auftreten des Sozialarbeiters in dieser konfrontativen Situation der Phase 2 möglichst bildhaft vorstellen können:

- Die Stimme ist fester und etwas lauter als in Phase 1.
- Der Tonfall ist nicht mehr freundlich, sondern energisch.
- Die geöffnete Hand (nicht der gestreckte Zeigefinger) weist in Richtung Tür.

- Die Bewegungen des Sozialarbeiters sind akzentuierter.
- Der Blickkontakt wird aufrechterhalten.
- Der Sozialarbeiter tritt einige Zentimeter näher an den Jugendlichen heran, sodass er im Grenzbereich des Mindestabstands stehen bleibt. Er stellt sich konfrontativ vor ihm auf.

So, wie eine Schiedsrichterin oder ein Schiedsrichter beim Zeigen der gelben Karte energischer und druckvoller auftritt als bei der deeskalativen Ermahnung eines Fußballspielers, so ändert auch der Sozialarbeiter seine innere wie äußere Haltung: Die freundliche Bestimmtheit von Phase 1 weicht einer energischen Bestimmtheit. Aber der Sozialarbeiter vermeidet jeden Anflug von Drohung und Aggressivität – sein Auftreten ist vollkommen klar, aber nicht verletzend.

Jetzt wird noch einmal deutlich, warum wir unserem Modell den Namen »kontrolliert-eskalierende Beharrlichkeit« gegeben haben:

- *Kontrollierte Eskalation:* Wir bestimmen sehr bewusst den jeweiligen Grad der Eskalation unserer eigenen Reaktion – und zwar in Abhängigkeit von der Eskalation (= der Schwere des Regelverstoßes) seitens des Kindes oder Jugendlichen. Auf leichte Regelverstöße antworten wir mit Deeskalation; die Eskalation seitens der grenzverletzenden Person in Form eines mittleren oder schweren Regelverstoßes beantworten wir unsererseits mittels einer kontrollierten Eskalation – gelbe Karte (= Konfrontation).
- *Beharrlichkeit:* Statt auf »galoppierende Eskalation« setzen wir auf die Faktoren Zeit, Präsenz und Penetranz und die dadurch bedingte Bestimmtheit unserer Ausstrahlung. Das heißt: Innerhalb der Phasen der Deeskalation oder Konfrontation erhöhen wir nicht den Druck auf das Kind oder den Jugendlichen (= nicht eskalierende Beharrlichkeit).

Aufforderung oder Befehl?

In dieser zweiten Phase der kontrolliert-eskalierenden Beharrlichkeit wandeln wir auf einem schmalen Grat zwischen Aufforderung und Befehl. Auch wenn die Grenze zwischen diesen beiden Polen verschwimmen mag, so können wir dennoch eine Unterscheidung vornehmen:

Ein Befehl verlangt Gehorsam, eine Aufforderung duldet Widerspruch.

In zivilen Institutionen ist ein Befehl für die angesprochene Person erniedrigend und verletzend, während eine Aufforderung legitime Ansprüche derjenigen, die eine Führungsposition innehaben, geltend macht. Daher betonen wir, dass das eigene Auftreten in dieser zweiten Konfliktphase zwar energisch-bestimmt sein sollte, aber keinesfalls im Befehlston erfolgen darf. Wir wollen Erniedrigungen des Kontrahenten – wie im nächsten Beispiel – auf jeden Fall vermeiden:

»Marvin, du verlässt die Einrichtung!«
»Lass mich in Ruhe. Und brüll mich nicht an!«
»Raus!«
»Wollen wir doch mal sehen!«
»Raus! Ich zähle bis drei!«
»Dann zähl ich mal für dich: Eins – zwei – drei! Und jetzt?«
»Raus: Sofort!«
»Wollen wir doch mal sehen.«
»Raus!«
»Du kannst mich nicht zwingen …«
»Raus!«

Der aggressive Befehl ist wegen seines entwertenden Untertons ein Angriff auf Marvins (vermutlich ohnehin schwaches) Selbstwertgefühl. Innerhalb kürzester Zeit vollzieht sich in dem Konflikt eine Motivverschiebung: Marvin kämpft nicht mehr um seine Flasche oder um seinen Verbleib im Jugendhaus, sondern um seine

Ehre und Männlichkeit – und der Sozialarbeiter um seine Autorität gegenüber Marvin und den anderen Jugendlichen, die diesen Konflikt beobachten.

Jede Eskalation in einem Konflikt, und das wäre der Übergang zum Befehl, verengt einen Konflikt auf das einfache Grundmuster »Du oder ich«. Jede Zuspitzung führt zur Reduktion von Verhaltensoptionen. Denn welche Möglichkeiten bieten sich dem Sozialarbeiter noch, sollte sich Marvin beharrlich weigern, die Einrichtung zu verlassen? Ihm bliebe nur das körperliche Hinausdrängen des Jugendlichen aus der Einrichtung oder der Griff zum Telefon und die Hilfe der Polizei. Aber was auch immer geschehen mag: Jeder vermeintliche Sieg des Sozialarbeiters über Marvin – ob mittels eigener Kraft oder mithilfe der Polizei – ist für den Jugendlichen eine zusätzliche Demütigung. Das Klima zwischen den beiden Kontrahenten wäre langfristig vergiftet und eine friedliche Koexistenz in der Jugendeinrichtung für einige Zeit ausgeschlossen. Auch der Sozialarbeiter würde unter den fortwährenden Spannungen zwischen Marvin und ihm leiden.

»Wer in einem Kampf gewonnen hat, der stehe mit gesenktem Haupt da.«
Lao-Tse

Das bedeutet: Ein Befehl provoziert Widerstand und verwandelt einen Konflikt in einen Kampf. In einem Kampf gibt es nur noch eine Option: Sieg um jeden Preis. Um diese Verengung eines Konflikts auf ein simples und einfältiges Kampfmuster zu vermeiden, ist es notwendig, mit den verbalen und nonverbalen Zwischentönen achtsam umzugehen:

- Wir fordern eine regelverletzende und rebellierende Person auf, sich regelkonform zu verhalten – aber wir erteilen keine Befehle. Unser Tonfall sollte bestimmt, aber nicht drohend oder aggressiv sein.
- Wir achten auf unsere verbalen Äußerungen, mit denen wir eine Aufforderung gegen einen Befehl absetzen können, und

verwenden Präsenssätze: »Marvin, du verlässt die Einrichtung!« statt »Raus!«

- Wir vermeiden Zuspitzungen des Konflikts durch Formulierungen wie »sofort«, »jetzt« oder »Ich zähle bis drei!« Denn wenn das »sofort« oder die »Drei« erst einmal verstrichen sind, ohne dass Marvin die Tasche geöffnet hat, hätte dieser bereits einen Teilsieg errungen.

Wer in einem Konflikt »eins – zwei – drei« zählt, zählt sich gerade selbst aus.

- Achten wir auch auf unsere nonverbalen Signale, damit wir nicht leichtfertig durch ein Übermaß an resolutem Auftreten unser Gegenüber in die Ecke treiben. Vermeiden wir verletzende Körpersignale wie körperliches Bedrängen, ausgestreckte Zeigefinger und geballte Fäuste, eine drohende und aggressive Stimme oder hasserfüllte Gesichtsausdrücke.
- So, wie wir in der ersten Phase dieser Strategie einen gleich bleibenden Tonfall und ein gleiches Energieniveau gehalten haben, so achten wir auch in dieser Phase des Konflikts darauf, dass unser Verhalten nicht eskaliert: Wir heben weder kontinuierlich unsere Stimme an, noch intensivieren wir unsere Körpersignale. Stattdessen setzen wir auf die Faktoren energische Bestimmtheit, Beharrlichkeit und Präsenz.

Kinder und Jugendlichen tragen die alleinige Verantwortung für ihr Verhalten. Wir achten nur darauf, dass sie diese Verantwortung auch übernehmen. Wählen wir ein weiteres Beispiel aus einem familiären Umfeld, um die Grundprinzipien der Konfrontation zu erläutern: Ein Mädchen weigert sich an mehreren aufeinander folgenden Tagen zum wiederholten Male (= mittlerer Regelverstoß), der Aufforderung der Mutter nachzukommen und den Fernseher auszumachen. Also beantwortet die Mutter die Eskalation des Konfliktes seitens der Tochter nicht durch einen deeskalativen Auftritt, sondern durch Konfrontation in Form von energischer Bestimmtheit:

»Sabrina, du machst den Fernseher aus und setzt dich an deine Hausaufgaben.«
»Aber Mama, ich mache meine Schulaufgaben nach der Sendung. Nur noch 20 Minuten.«
»Nein. Erst die Hausaufgaben, dann die Freizeit. Die Regel ist klar.«
»Gestern habe ich überhaupt nicht geguckt. Ich mach ihn nicht aus.«
»Die Regel gilt! Ist das klar?«
»In 20 Minuten!«
»Ist das klar?«
»Nur noch bis zur nächsten Werbung, ja?«
»Nein.«
»Och, Mama ...«
»Klar?«
»Ja!«
»Gut.«

Nach den ersten Wortwechseln legt die Mutter ihre gesamte Kraft nur noch in eine Frage: »Ist das klar?« Das Mädchen muss antworten. Es kann sich seiner Verantwortung (= Ver*antwort*ung) nicht mehr durch Ausflüchte entziehen. Die Mutter lässt ihre Tochter in dieser Verantwortung.

Und noch einen positiven Effekt erzielt die Mutter durch das Einholen der Zustimmung ihrer Tochter: Dieser fällt es in dem Konflikt leichter, ein zustimmendes »Ja« zu einer Handlung zu geben, als diese Handlung vor den Augen der Mutter auch tatsächlich durchzuführen. Und ist das zustimmende »Ja« erst einmal verbal geäußert, ist der Konflikt entschieden. Die anschließende Handlung ist nur noch reine Formsache.

Verantwortung in einem Konflikt zu übernehmen bedeutet, eine verbindliche Antwort zu geben.

Sich zunächst die Zusage zu regelkonformem Verhalten einzuholen, statt auf der sofortigen Umsetzung zu bestehen, bietet sich immer dann an, wenn die erwartete konkrete Handlung vom Kontrahenten als erniedrigend empfunden werden könnte.

Schauen wir uns einen weiteren Konflikt um einen Regelverstoß an, in dem es nicht nur sinnvoll, sondern notwendig ist, sich aus Gründen der Verbindlichkeit zunächst die Zustimmung für regelkonformes Verhalten einzuholen: Eine Schülerin hat im Unterricht wiederholt mit ihrer Tischnachbarin während einer Konzentrationsphase geredet. Die unterrichtende Lehrerin hat sie bereits zweimal freundlich-bestimmt ermahnt, doch bereits wenige Minuten später tuschelt die Schülerin erneut mit ihrer Freundin. Die Lehrerin tritt daraufhin dicht an den Tisch der Schülerin heran und konfrontiert sie energisch-bestimmt mit ihrem mittelschweren Regelverstoß:

»Jessica, ich habe dich eben ermahnt, ruhig zu sein. Gerade hast du schon wieder mit Sara geredet. Für den Rest der Stillarbeit bist du ruhig. Ist das klar?«
»Aber ich habe doch nur gefragt, ob …«
»Jessica, ist das klar?«
»Aber ich …«
»Ist das klar?«
»Ja.«
»Gut, dann pass jetzt bitte auf.«

Die ausflüchtenden Sätze der Schülerin unterbricht die Lehrerin immer wieder mit der stereotypen Frage »Ist das klar?«. Sie verwendet die Technik der kaputten Schallplatte. Dadurch wird es Jessica sichtlich erschwert, sich der energischen Bestimmtheit ihrer Lehrerin zu entziehen. Ihr bleibt kaum eine andere Wahl, als dieser die entsprechende Zusage zu geben.

Das Einholen der Zustimmung der Schülerin für ihr künftiges regelkonformes Verhalten erfüllt zwei wichtige Funktionen:

1. Das regelkonforme Verhalten, zu dem Jessica Zustimmung äußern soll, ist keine einmalige und sofort zu vollziehende Handlung, sondern erstreckt sich über den Zeitraum einer ganzen Unterrichtsstunde. Die Lehrerin kann momentan nichts weiter erreichen, als die Zustimmung der Schülerin einzuholen.
2. Die Zustimmung Jessicas führt dazu, dass sie, sollte sie erneut schwätzen, nicht nur gegen die Ruheregel verstößt, sondern zusätzlich ihr Wort bricht.

Daher gilt: Lassen Sie in der zweiten Phase einen Konflikt nicht dadurch »im luftleeren Raum stehen«, dass Sie Ihr Gegenüber lediglich auffordern, sich an die Regel zu halten (»Sei jetzt bitte ruhig!«). Beenden Sie nach Möglichkeit den Konflikt mit der verbindlichen Zusage Ihres Gegenübers, sich künftig regelkonform zu verhalten.

Der Kopf muss klar sein

Auch bei dieser zweiten Phase der kontrolliert-eskalierenden Beharrlichkeit gilt die Feststellung, dass die zugrundeliegende Theorie zwar denkbar einfach ist, die Umsetzung in die Praxis aber große Schwierigkeiten bereiten kann. Die Schwierigkeiten sind – wie schon in Phase 1 der Konfliktbewältigung – in der inneren Haltung der Personen begründet, die die Strategie anwenden:

- *Mut zur Konfrontation:* Die zweite Phase der kontrolliert-eskalierenden Beharrlichkeit trägt deutlich konfrontativere Züge als die erste Phase. Denn die Eindrücklichkeit des eigenen Auftretens ist wesentlich stärker als in Phase 1 der Konfliktbewältigung. Stärkere Eindrücklichkeit heißt konkret, dass Sie mehr Druck auf die regelverletzende Person ausüben. Gleichzeitig vermindern Sie im Vergleich zur Deeskalation den Grad der Wertschätzung: Sie verzichten auf Erklärungen, Empathie-Bekundungen oder Variationen der kaputten Schallplatte. Und Ihr Auftritt ist nicht mehr freundlich, sondern energisch. Die beiden Regler für Durchsetzungsfähigkeit und wertschätzendes Verhalten stehen ganz anders als in der Deeskalation:

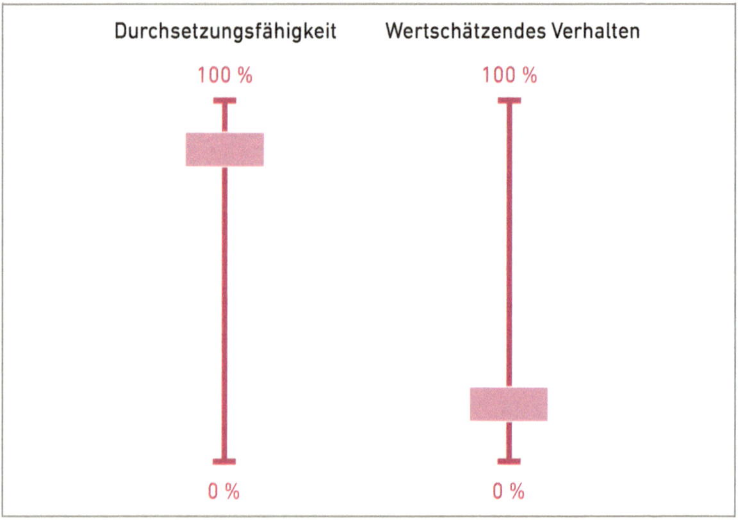

Seien Sie sich darüber im Klaren, dass der Druck von Ihrer Seite in Form erhöhten Gegendrucks erwidert werden kann. Einen Kontrahenten mit einem Regelverstoß zu konfrontieren, erfordert ein hohes Maß an Entschlossenheit.

Druck erzeugt Gegendruck.

Daher empfiehlt es sich: Lassen Sie sich in diese Phase der energischen Bestimmtheit nicht hineinziehen. Entscheiden Sie bewusst, ob Sie diese Art der Konfrontation für angemessen halten und ob Sie sich dem möglichen Widerstand Ihres Gegenübers gewachsen fühlen. Denn eine Konfrontation erfordert ein hohes Maß an Bewusstheit.

- *Innere Haltung der Gelassenheit:* Mit dem stärkeren Druck, den Sie auf Ihren Kontrahenten mit Ihrer energischen Bestimmtheit ausüben, bewegen Sie sich immer am Rande einer galoppierenden Eskalation. Sie betreten den schmalen Grat zwischen Aufforderung und Befehl – und damit zwischen klarem Auftreten und aggressiver Entwertung. Deshalb benötigen Sie für diese zweite Konfliktphase die emotionale Distanz und Gelassenheit eines Schiedsrichters oder einer Schiedsrichterin.
- *Nach Gelb folgt Rot:* Es gibt keine Garantie dafür, dass unsere Konfrontation erfolgreich ist. Wir können durch ein klares Auftreten lediglich die Chancen erhöhen, dass eine regelverletzende Person zurückkehrt zu regelkonformem Verhalten. Aber nach einer erfolglosen Konfrontation bleibt uns nur noch eine Möglichkeit: Der Übergang auf die Konsequenz-Ebene. Jede deeskalative Alternative zur Konsequenz-Ebene (= Druck-raus-Techniken, die wir in einem der folgenden Kapitel erklären werden) führt zur Schwächung der eigenen Autorität. Daher gilt: Gehen wir niemals unkontrolliert und unbedacht in die Konfrontation; denn mit der Konfrontation engen wir nicht nur den Handlungsspielraum der betroffenen Kinder oder Jugendlichen ein, sondern gleichzeitig immer auch den Spielraum unserer eigenen Verhaltens-Optionen. Deeskalative Alternativen zur Konsequenz-Ebene lassen sich immer nur nach erfolgloser Deeskalation ergreifen, aber niemals nach gescheiterter Konfrontation.

Fazit

1. Verwenden Sie einfache und klare Präsenssätze, mit denen Sie Ihr Gegenüber auffordern, gemäß der vorgegebenen Regeln zu handeln.
2. Verwenden Sie die kaputte Schallplatte relativ wörtlich.

3. Treten Sie energisch-bestimmt auf, aber hüten Sie sich davor, Befehle zu erteilen.

4. Eskalieren Sie nicht! Ihr Tonfall und Ihr Auftreten haben sich zwar gegenüber der ersten Phase verschärft, nehmen danach aber nicht weiter an Schärfe zu.

5. Setzen Sie weiter auf die Faktoren Beharrlichkeit und konfrontative Präsenz.

6. Nehmen Sie Ihren Kontrahenten in die Verantwortung. Beenden Sie diese Konfliktphase dadurch, dass Sie sich von der regelverletzenden Person die verbindliche Zusage für regelkonformes Verhalten einholen.

7. Bleiben Sie emotional distanziert. Ihr Gegenüber ist nicht Ihr Feind. Reagieren Sie nicht auf dessen Gegendruck – bleiben Sie unbeeindruckt.

Phase 3: Die Konsequenz-Ebene

Bevor wir in diesem Kapitel den Übergang auf die Konsequenz-Ebene beleuchten, möchten wir einen wichtigen Punkt klarstellen: Dies darf nicht die einzige Möglichkeit sein, wie wir mit Situationen umgehen, in denen sich Kinder oder Jugendliche in einem Konflikt beharrlich weigern, trotz unserer Interventionen zu regelkonformem Verhalten zurückzukehren. Denn viele von ihnen verrennen sich in einem Konflikt, kämpfen um ihr Gesicht vor der Gruppe, sind »getriggert«, geraten »außer sich« aufgrund ihres Temperamentes oder auch als Folge möglicher vorangegangener Traumatisierungen – und können sich in Konflikten (noch) nicht steuern. In diesen Fällen müssen wir – und das unterscheidet uns als Eltern oder Pädagogen von Schiedsrichterinnen und Schiedsrichtern – auch pädagogische Entscheidungen treffen dürfen: Nämlich, statt den Druck auf die Kinder und Jugendlichen durch die Androhung und den Vollzug von Konsequenzen immer weiter zu erhöhen, den Druck durch verschiedene Techniken erst einmal wieder aus der Situation herauszunehmen. Diese Druck-raus-Möglichkeiten, die wir Ihnen im übernächsten Kapitel ausführlicher darstellen werden, stehen Schiedsrichterinnen und Schiedsrichtern nicht zur Verfügung: Ihnen bleibt bei fortgesetzten Regelverstößen nur die rote Karte (= Konsequenz-Ebene) als Verhaltensoption. Wir als Eltern oder Pädagogen sollten aber immer wieder die Möglichkeit in Betracht ziehen, unsere Kinder und Jugendlichen, die sich in Konflikten verrannt haben, vor sich selbst und damit vor möglichen Konsequenzen zu schützen: Druck raus statt Druck rein.

Und noch ein weiterer Punkt erscheint uns wichtig, bevor wir konkret werden und Ihnen in diesem Kapitel zunächst den Übergang auf die Konsequenz-Ebene vorstellen: Bitte erwarten Sie nicht von uns, dass wir darin beleuchten, welche Konsequenzen im Einzelfall sinnvoll und angemessen sind. Denn wie wir bereits in dem Kapitel »Keine Regel ohne Konsequenz« ausführlich erläutert haben, lässt sich die Frage nach der Sinnhaftigkeit und Angemessenheit einer Konsequenz nur im jeweiligen konkreten Einzelfall beantworten – und genau das ist in diesem Buch nicht leistbar. Daher beschränken wir uns an dieser Stelle auf die konkrete Vorgehensweise beim Übergang auf die Konsequenz-Ebene, ohne uns näher auf die genauen Inhalte der Konsequenzen festzulegen.

Zwei Möglichkeiten

Schiedsrichterinnen und Schiedsrichter haben es vergleichsweise leicht: Wenn sie einen schwer foulenden Spieler des Platzes verweisen, dann entledigen sie sich mit der roten Karte aller weiteren Probleme: Der Spieler ist in der Kabine – und damit basta! Mit dem Delinquenten mögen sich danach dessen Trainer oder der Spielausschuss herumärgern, nicht jedoch die Unparteiischen selbst.

Doch leider ist die Welt in unseren erzieherischen Zusammenhängen etwas komplizierter als auf einem Fußballplatz: Eine »rote Karte«, die wir einem Kind oder Jugendlichen nach dem Scheitern der ersten beiden Konfliktphasen zeigen, ist für uns Erwachsene nicht zum Nulltarif zu haben: Wir müssen Zeit und Energie investieren, um uns angemessene Konsequenzen auszudenken.

Jede Regel ist nur so haltbar wie die Konsequenz, die auf einen fortgesetzten Regelverstoß folgt.

Auch müssen wir deren Umsetzung kontrollieren und begleiten. Und in der Regel bedeutet die Verhängung von Konsequenzen eine Zuspitzung von Konflikten, die sich auch auf die Beziehungsebene aller am Prozess beteiligten Personen negativ auswirken können. Das bedeutet, dass wir unter Umständen nachfolgende Konfliktgespräche führen müssen, um die Beziehungsebene zu klären und um Hilfestellungen zu geben, wie gemeinsam aus der Eskalationsschraube von Regelverstoß und Konsequenz ausgestiegen werden kann. Um diese weitreichenden Auswirkungen zu vermeiden, haben wir uns in den letzten Kapiteln ausführlich mit der Bewältigung von Konflikten *diesseits* der Konsequenz-Ebene beschäftigt.

Und dennoch ist klar, dass es immer wieder Situationen geben wird, in denen wir in den sauren Apfel der Konsequenz beißen müssen, weil sich unser Gegenüber trotz Phase 1 oder 2 der Konfliktbewältigung dafür entscheidet, die Regel fortgesetzt oder wiederholt zu missachten.

Unterstellen wir also, dass sich Marvin trotz seines Alkoholkonsums und der Konfrontation des Sozialarbeiters beharrlich weigert, das Jugendhaus zu verlassen. Folgerichtig zeigt der Sozialarbeiter dem Jugendlichen die rote Karte: Er wechselt in die dritte Phase des Konflikts und geht auf die Konsequenz-Ebene:

(»…«)
»Nö, ich gehe nicht!«
»Marvin, du gehst.«
»Sie können mir gar nichts.«
»Du verlässt die Einrichtung.«
»Nein!«
»Das heißt, du weigerst dich, zu gehen. Sehe ich das richtig?«
»Pfff.«
»Okay. Dann sage ich dir klipp und klar, worum es hier geht. Punkt eins: Du trinkst Alkohol im Jugendhaus. Das ist ab jetzt der kleinere Regelverstoß. Punkt zwei: Du widersetzt dich meiner wiederholten Aufforderung, die Einrichtung zu verlassen. Das ist der schwerere Regelverstoß. Im Klartext: Ich habe hier das Hausrecht, und du begehst gerade Hausfriedensbruch.«
»Na und?«

»Ich gebe dir jetzt zwei Möglichkeiten: Du verlässt sofort die Einrichtung, dann kannst du morgen wiederkommen. Solltest du bleiben, dann hole ich die Polizei und du bekommst zwei Monate Hausverbot. Überleg es dir gut. Es ist deine Entscheidung.«

»Zwei Monate, wieso das denn? Nur weil ich ein paar Schluck genommen habe?«

»Nicht wegen der Flasche, sondern wegen deiner Weigerung, jetzt das Haus zu verlassen. Schluss der Diskussion: Wie ist deine Entscheidung? Zwei Monate Hausverbot oder morgen wiederkommen?«

»Aber ich habe doch gar nichts gemacht …«

»Solltest du nicht sofort gehen, greife ich zum Telefon. Wie ist deine Entscheidung?«

»Was heißt denn hier Entscheidung? … Das ist Erpressung!«

»Wie entscheidest du dich?«

»Ja, ich gehe ja schon. Mein Gott, seid ihr drauf.«

Der Sozialarbeiter geht in der Auseinandersetzung um den Regelverstoß sehr systematisch vor:

1. Zum Abschluss der zweiten Phase der kontrolliert-eskalierenden Beharrlichkeit, der Konfrontation, fragt er den Jugendlichen ein letztes Mal, ob er tatsächlich bei seiner Weigerung bleiben will, das Jugendhaus zu verlassen.
2. Nach der Bestätigung des Jugendlichen, nicht gehen zu wollen, konfrontiert der Sozialarbeiter den Jugendlichen mit dem doppelten Regelverstoß. Erstens: Verstoß gegen die Regel des Alkoholverbots. Zweitens: Verstoß gegen die Regel, den Anweisungen der Sozialarbeiter Folge zu leisten (= Hausfriedensbruch). Durch diese Konfrontation mit seinem doppelten Regelverstoß wird Marvin das komplette Ausmaß seines Handelns verdeutlicht.

3. Der Sozialarbeiter zeigt Marvin anschließend zwei Verhaltensoptionen auf und legt ihm auch die möglichen Folgen seiner jeweiligen Entscheidung dar: Entweder verlässt Marvin freiwillig und sofort die Einrichtung oder er bekommt zwei Monate Hausverbot. Diese Aufzählung dient nicht nur der Aufklärung des Jugendlichen darüber, was seine Möglichkeiten und deren Konsequenzen sind, sondern sie verfolgt einen weiteren Zweck: Der Sozialarbeiter kommuniziert seinem Gegenüber die versteckte Botschaft: »Ich bleibe der Chef im Ring, denn *ich* bin es, der dir zwei Verhaltensoptionen vorgibt.« Durch diese Vorgehensweise bleibt der Sozialarbeiter in der Führung: Egal, wie sich Marvin entscheiden wird, er handelt im Rahmen dessen, was ihm vom Sozialarbeiter vorgegeben wurde. Dank seines souveränen Vorgehens kann keine von Marvins Entscheidungen – auch nicht sein Verbleib in der Einrichtung – zum Autoritätsverlust des Sozialarbeiters führen.

Wer sich beharrlich weigert, eine Regel zu beachten, begeht einen doppelten Regelverstoß.

Jetzt wird deutlich, warum es dem Sozialarbeiter möglich war, in den ersten beiden Phasen des Konflikts relativ gelassen zu agieren: Er wusste, dass mit den wirksamen Konsequenzen ein Netz unter ihm gespannt ist, das den freien Fall auf den harten Boden des Konflikts auffängt. Sollte Marvin sich weigern, das Haus zu verlassen, verliert nicht der Sozialarbeiter einen Konflikt und damit seine Autorität, sondern Marvin trägt die Konsequenz von zwei Monaten Hausverbot.

Als Bonus hat dieses Netz den Sozialarbeiter bereits in den ersten beiden Konfliktphasen davor bewahrt, den Jugendlichen um den Preis von Autoritätsverlust dazu bewegen zu *müssen*, ihm den Inhalt seiner Flasche zu zeigen. Die Konsequenz verhilft ihm zu genau der gelassenen Haltung, die notwendig ist, die distanzierte

Haltung eines Unparteiischen während des gesamten Konfliktverlaufs wahren zu können. Denn mit wirksamen Konsequenzen in der Hinterhand muss der Sozialarbeiter in den ersten beiden Phasen nicht gewinnen – er kann gar nicht verlieren. Und weil er nicht kämpfen muss, wirkt er gelassen und souverän.

Seien wir ehrlich: Wie wirken wir, wenn wir mit der Einstellung in die ersten beiden Konfliktphasen gehen, auf Biegen und Brechen unseren Kontrahenten dazu bewegen zu müssen, sich an eine Regel zu halten? Wir wirken verkrampft und verbissen. Wir werden zum Sklaven unseres inneren Drucks, auf keinen Fall verlieren zu dürfen, wollen wir unser Gesicht und unsere Autorität wahren.

Je lauter wir aber werden, je stärker wir uns ins Zeug legen und je heftiger wir austeilen, desto mehr offenbaren wir die eigentliche Antriebskraft hinter der Mobilisierung vermeintlicher Stärke: Das Gefühl der eigenen Schwäche und damit den Führungsverlust. Eins ist dabei sicher: Die regelverletzende Person wird diese Unterlegenheit hinter unserer inszenierten und aufgesetzten »Stärke« spüren.

Wenn also der Sozialarbeiter den Fehler begeht, aggressiv und wütend im Konflikt mit Marvin zu werden, so wird dieser, egal wie der Streit ausgehen mag, anschließend vor seinen Kumpels prahlen: »Habt ihr gesehen, wie ich den Sozialfuzzi auf die Palme gebracht habe? Der ist explodiert wie eine Rakete.«

Wer kämpft, hat schon verloren – nämlich die Führungsposition.

Das »Aus-der-Haut-Fahren« des Sozialarbeiters kann von dem Jugendlichen bereits als Sieg verbucht werden. Kein Wunder, denn Marvin hat es geschafft, den »Sozialfuzzi« durch sein »cooles« Verhalten aus der Führungsposition herauszulocken und auf seine Ebene des Kampfes herunterzuziehen. Kampf aber bedeutet immer Augenhöhe und hebt die bestehende Hierarchie auf!

Um wie viel gelassener und souveräner ist das Auftreten einer Person, die sich ihrer Sache und ihrer unangefochtenen Position sicher ist! Wer in den ersten beiden Konfliktphasen gelassen auftritt, weil er um die Wirksamkeit einer Konsequenz weiß, wirkt selbstbewusst und stark und behält die Führungsposition. Das Auftreten ist gewinnend, und nicht verletzend – gewinnen statt besiegen!

Freie Wahl?

In der Jugendeinrichtung gibt der Sozialarbeiter, so haben wir festgestellt, dem Jugendlichen zwei Optionen vor, zwischen denen dieser frei wählen kann: Entweder er verlässt sofort die Einrichtung oder er bekommt zwei Monate Hausverbot. Jede der beiden Entscheidungen hat der Jugendliche zu verantworten.

Doch wenn wir genauer hinschauen, können wir erkennen, dass es einen wichtigen Grund gibt, der es Marvin schwer macht, sich tatsächlich *frei* zwischen den beiden ihm vorgegebenen Optionen zu entscheiden: Marvin ist, das lässt sich an seinen trotzigen und beleidigenden Reaktionen während der heißen Phase des Konflikts ablesen, »auf hundertachtzig«. Sein Großhirn wurde »aufs Abstellgleis« gestellt. Diese Abkopplung des Großhirns war Millionen von Jahren sinnvoll, wenn es galt, blitzschnell und ohne Überlegung wichtige Entscheidungen in einem Kampf gegen gefährliche Feinde zu treffen, die den Menschen nach dem Leben trachteten. Eine Beteiligung des Großhirns am Kampfgeschehen zwecks Analyse der Situation hätte entscheidende Sekundenbruchteile zu lange gedauert – der Kampf hätte tödlich geendet.

Wer kämpft, macht sich zum Sklaven der eigenen fossilen Konfliktautomatismen.

Doch für Marvin ist diese – einst überlebenswichtige – Stammhirnsteuerung und die damit verbundene Abkopplung des Großhirns kontraproduktiv: Denn der Sozialarbeiter ist kein Säbelzahntiger, der ihm nach dem Leben trachtet und gegen den blitzschnelle Kampfentscheidungen getroffen werden müssen.

Der Konflikt in der Jugendeinrichtung dreht sich nicht um Leben oder Tod, sondern um die Entscheidung zwischen einem Abend oder zwei Monaten Hausverbot. Und diese Entscheidung will wohl überlegt sein, denn schließlich trifft Marvin dort jeden Abend seine Freundinnen und Freunde.

Doch da er im Kampfmodus rein physiologisch gar nicht dazu in der Lage ist, kann Marvin eventuell die Situation nicht sachlich analysieren. Eine nüchterne und rationale Vorteilsabwägung (= zwei Monate oder lieber nur ein Tag Hausverbot) ist ihm dann unmöglich. Er kann die Brücken, die der Sozialarbeiter ihm baut, gar nicht betreten. Im Volksmund wird ein solcher Zustand treffend bezeichnet als »ausgerastet«, »ausgetickt«, »durchgedreht« oder auch als »rotsehen« und »Black-out«. Durch diese Bezeichnungen wird der Zwangscharakter solcher Handlungen deutlich. Marvin träfe unter diesen Umständen möglicherweise im Affekt (= Stammhirnsteuerung) eine Wahl, die er kurze Zeit später – bei klarem Kopf bzw. wieder mitspielendem Großhirn – bereuen würde, nämlich das zweimonatige Hausverbot: »Mir doch egal – dann hol doch deine Bullen.«

Das bedeutet, dass Marvins Entscheidung unter diesen Bedingungen nicht im eigentlichen Sinn frei ist und von ihm rational und sachlich abwägend getroffen werden kann. In seinem auf Kampf programmierten Körperzustand kann er gar nicht anders als die irrational anmutende Option zu wählen, durch die Polizei abgeholt zu werden und zwei Monate die Einrichtung nicht betreten zu dürfen. Wer kämpft, muss gewinnen. Und der Gewinn dieses Konfliktes gegen den Sozialarbeiter ist aus Marvins Stammhirnsicht der unbedingte Verbleib im Jugendhaus – das Verlassen der Einrichtung wäre in Marvins Augen eine totale Niederlage. Also folgt er »kopflos« den Befehlen, die ihm sein Stammhirn vorschreibt: »Bleiben! Bleiben! Bleiben!« Marvins Entscheidung mag jedem Außenstehenden »hirnrissig« erscheinen – für ihn ist sie »psycho-logisch«.

Hilfestellungen

Unterstellen wir, dass es dem Sozialarbeiter grundsätzlich daran gelegen ist, seinen Jugendlichen immer wieder Chancen einzuräumen, unangemessenes Verhalten zu überprüfen und zu revidieren. Er möchte, dass seine Jugendlichen lernen, auch in kritischen Situationen einen kühlen Kopf zu bewahren und in der Gesellschaft klarzukommen. Folgerichtig wäre es ihm auch in diesem Konflikt lieber, Marvin würde sich besinnen und es nicht zum Rauswurf durch die Polizei kommen lassen. Abgesehen davon hat der Sozialarbeiter keinerlei Lust darauf, den Stress mit der Polizei und der Durchsetzung des Hausverbots durchstehen zu müssen. Ihm ist es also sehr wichtig, dass Marvin tatsächlich eine freie und rationale Wahl treffen kann und sich für das kleinere Übel, das sofortige Verlassen der Einrichtung, entscheidet. Deshalb baut er dem Jugendlichen, nachdem er ihn vor die Entscheidung zwischen den beiden Optionen gestellt hat, eine weitere Brücke:

> »Mensch, Marvin, überleg es dir gut, ob es das wert ist: zwei Monate Hausverbot! Mach es doch nicht noch schlimmer. Ich mache dir einen Vorschlag: Ich drehe noch eine Runde, und du hast fünf Minuten Zeit, es dir in Ruhe durch den Kopf gehen zu lassen. Besprich das mit deinen Kumpels. Solltest du allerdings noch hier sein, wenn ich wiederkomme, greif ich zum Hörer und rufe die Polizei. Wenn du aber in fünf Minuten weg bist, ist alles okay und du kannst morgen gerne wiederkommen.«

Mit diesen Worten wendet sich der Sozialarbeiter ab und dreht seine Runde. Innerhalb der nächsten Minuten – das weiß er – wird einiges passieren:

- Durch die Auflösung der Konfliktsituation wird der Stresspegel des Jugendlichen sinken – seine »Kampfhormone« werden abgebaut, denn der Kampf ist ja durch den Abgang des »Gegners« zunächst beendet. Marvin wird wieder klarer denken und seine Entscheidung tatsächlich freier treffen können als unter dem Einfluss einer konfrontativen Situation, die ihn im Zustand des Kampfes hält: Sein Großhirn wird während der fünf Minuten Bedenkzeit zumindest partiell wieder angeschaltet.

Durch das Auflösen einer Kampfsituation wird das Großhirn wieder freigeschaltet.

- Wahrscheinlich werden Marvins Kumpel auf ihn einreden, die Einrichtung zu verlassen. Denn auch ihnen wird nicht daran gelegen sein, die nächsten zwei Monate ohne ihren Freund im Jugendhaus verbringen zu müssen. Marvin wird also spüren, dass er bei seinen Kumpeln auch auf andere Art und Weise Anerkennung erfahren kann als nur dadurch, in einem unnötigen Konflikt unbedingt als Sieger vom Platz gehen zu müssen.
- Zusätzlich bietet sich für Marvin die Chance, vom Sozialarbeiter unbeobachtet und möglicherweise feixend und mit ein paar deftigen Sprüchen das Haus zu verlassen – Möglichkeiten, die ihm das Gefühl geben, vor seinen Freunden das Gesicht wahren zu können.

Mit jeder Minute Abstand von der konfrontativen Situation wächst die Wahrscheinlichkeit, dass Marvins Emotionen abklingen, er sich besinnt und die rational klügere Entscheidung fällt – nämlich die Einrichtung zu verlassen. Nur im physiologischen Zustand des Nicht-Kampfes (= »eingeschaltetes Großhirn«) ist seine Entscheidung wirklich frei.

Das bedeutet: Sobald wir feststellen, dass sich unser Kontrahent im physiologischen Zustand des Kampfes befindet, gehen wir – wenn möglich – aus dem Konflikt heraus und geben ihm dadurch eine Bedenkzeit, innerhalb der er sich für eine unserer beiden Optionen entscheiden kann. Die Bedenkzeit macht seine

Entscheidung nicht nur freier und rationaler, sondern begünstigt durch die Beteiligung des Großhirns auch dessen regelkonformes Verhalten – und wir haben weniger Aufwand.

Konsequente Konsequenzen?

Doch was passiert, wenn die Emotionen nicht abklingen oder die regelverletzende Person sich sogar frei für die Konsequenzen entscheidet?

Mutter und Vater der 17-jährigen Caro haben die Regel aufgestellt, dass in der gesamten Wohnung, also auch in dem Zimmer ihrer Tochter, nicht geraucht werden darf. Die Eltern – beide Nichtraucher – fühlen sich durch den Rauch belästigt. Gegen diese Regel hat die Tochter verstoßen, indem sie in ihrem Zimmer geraucht hat. Der Vater führt nach diesem Regelverstoß ein deeskalatives Gespräch mit der Tochter. Wir blenden uns in das laufende Gespräch ein und zitieren nur dessen Übergang von der freundlichen Bestimmtheit auf die Konsequenz-Ebene:

(»…«)

»Caro, ich möchte von dir die definitive Zusage bekommen, dass du dich an diese Regelung hältst.«

»In meinem Zimmer darf ich machen, was ich will. Das geht euch gar nichts an.«

»Keine Zigaretten in der gemeinsamen Wohnung – das ist das, was wir von dir erwarten.«

»Sehe ich gar nicht ein. Sibylle darf zu Hause auch rauchen, obwohl die Eltern Nichtraucher sind. Wenn ihr nicht da seid, rauche ich am offenen Fenster.«

»Caro, es geht um unsere Wohnung, und nicht um Sibylles. Und wir möchten keinen Rauch.«

»Nein, sehe ich gar nicht ein.«

»Okay, ich möchte das nicht länger diskutieren. Du hast künftig zwei Möglichkeiten: Entweder du hältst dich an die Regel oder wir kürzen dir dein Taschengeld um ungefähr den Betrag, den du für das Rauchen pro Monat ausgibst. Wir sind nicht bereit, den Zigarettengestank in unserer Wohnung mitzufinanzieren.«

»Das ist Erpressung.«

»Deine Entscheidung.«

»Und wenn, dann wäre es auch nur fair, mir das Geld für die Zigaretten abzuziehen, die ich hier daheim rauche.«

»Du kennst die zwei Möglichkeiten. Überleg es dir gut, ob dir das die paar Zigaretten hier zu Hause wert sind. Sollten wir das nächste Mal feststellen, dass du in deinem Zimmer geraucht hast, tritt die Konsequenz der Taschengeldkürzung in Kraft.«

Jedes Verwässern oder Verschärfen von einmal ausgesprochenen Konsequenzen untergräbt die persönliche Autorität.

Der Vater führt das Gespräch zunächst deeskalativ. Als er aber spürt, dass er seine Tochter Caro in dem Konflikt nicht zur verbindlichen Zusage bewegen kann, künftig auf das Rauchen zu verzichten, wechselt er auf die Konsequenz-Ebene. Er wendet das oben beschriebene Prinzip an, der Tochter zwei Optionen vorzugeben: regelkonformes Verhalten oder Konsequenzen. Danach verlässt er den Konflikt. Seine Tochter soll sich in Ruhe überlegen, wie sie sich entscheiden wird. Weitere Gespräche wird es vonseiten der Eltern über dieses Thema nicht mehr geben.

Das bedeutet: Wer einen Konflikt über eine Regelverletzung führt, sollte sich möglichst im Vorfeld der Auseinandersetzung über die Konsequenzen Gedanken machen, die bei fortgesetzter Regelmissachtung eintreten werden. Denn die Konsequenz, die bei Scheitern der Konfliktbewältigung dem Gegenüber genannt wird, muss im Zweifelsfall auch in die Tat umgesetzt werden.

Sollte sich die Tochter also dazu entschließen, lieber die Taschengeldkürzung hinzunehmen als auf den Zigarettenkonsum in ihrem Zimmer zu verzichten, müssen die Eltern handeln: Wenn Caro im Monat beispielsweise 30 Euro für Zigaretten ausgibt, müssen sie ihr diese Summe vom Taschengeld auch tatsächlich abziehen:

Das Verwässern von Konsequenzen begünstigt Regelverstöße.

- Die mögliche Botschaft einer *Abmilderung von Konsequenzen* (zum Beispiel nur zehn Euro Taschengeldabzug) wäre folgende: »Konsequenzen werden nicht so hart umgesetzt, wie sie genannt werden.« Und das Ergebnis derart aufgeweichter Konsequenzen ist, dass sich die Tochter in Zukunft im Zweifelsfall für die Konsequenz statt für die Einhaltung von Regeln entscheiden wird: »Wird schon nicht so schlimm werden. Letztes Mal haben die das auch nicht durchgezogen. Die reden nur.«
- Aber auch die *Verschärfung der Konsequenz* – zum Beispiel durch das komplette Streichen von Taschengeld – wäre im Sinne künftiger Regelverstöße kontraproduktiv. Die Botschaft an die Tochter wäre: »Solltest du dich für die Konsequenz entscheiden, musst du allerdings damit rechnen, dass sie noch verschärft wird.« Die Eltern diskreditieren sich dadurch selbst als verlässliche Partner. Und wer sich selbst diskreditiert, kann nicht damit rechnen, dass sich auch das Gegenüber an einmal getroffene Absprachen hält. Die Tochter wird sich denken: »Gebe ich halt die Zusage. Aber wenn die Eltern nicht zu Hause sind, rauche ich heimlich in meinem Zimmer und mache das Fenster weit auf. Kriegen die sowieso nicht mit. Wenn die sich nicht an Absprachen halten, mach ich das auch nicht.« Die Verbindlichkeit eines Regelwerks wird also auch durch die Verschärfung von Konsequenzen unterlaufen. Offene oder heimliche Regelverstöße nehmen dann möglicherweise zu statt ab.

Ein Regelsystem basiert, das haben wir oben bereits definiert, auf Berechenbarkeit und Klarheit der ablaufenden Prozesse. Das Verwässern oder Verschärfen von einmal verkündeten Konsequenzen dagegen basiert auf Willkür. Beide Systeme schließen einander aus.

Das konsequente Umsetzen von Konsequenzen schafft Verbindlichkeit.

Aber selbst wenn die Eltern einmal angekündigte Konsequenzen konsequent umsetzen – über einen wichtigen Punkt müssen sie sich im gegebenen Beispiel im Klaren sein, bevor sie der Tochter die möglichen Konsequenzen nennen: Sie werden dann die Zigaretten ihrer Tochter in der gemeinsamen Wohnung auch ertragen müssen, sollte diese sich für den Taschengeldabzug entscheiden! Aus diesem Grund ist es unerlässlich, dass wir vor einem Konfliktgespräch sorgsam abwägen, ob wir die Konsequenzen konsequent umsetzen können und ob wir die Konsequenzen auch tatsächlich mittragen wollen.

»Das wirst du sehen!«

Im Konflikt um das Rauchverbot hatte es der Vater relativ leicht: Er konnte selbst bestimmen, zu welchem Zeitpunkt er das Gespräch mit seiner Tochter führt. Also konnte er bereits im Vorfeld gemeinsam mit seiner Frau Überlegungen darüber anstellen, wie sie beide damit umgehen werden, falls ihre Tochter sich nicht an die Vereinbarung halten sollte. Die Eltern hatten Zeit, sich in Ruhe alle nötigen Gedanken rund um die Frage der Konsequenzen zu machen und diese dann im anschließenden Konfliktgespräch ihrer Tochter zu nennen.

Die eigene Klarheit über die Konsequenzen ermöglicht ein klares Auftreten nach Regelverstößen.

Und auch in der Jugendeinrichtung wurde auf mehreren Teamsitzungen der Sozialarbeiterinnen und Sozialarbeiter ausführlich darüber beraten, wie man auf die einzelnen Regelverstöße der Jugendlichen reagieren kann und welche Konsequenzen die beharrliche Nichtbeachtung von Regeln nach sich ziehen wird.

Doch nicht immer können wir es uns aussuchen, wann wir einen Konflikt um einen Regelverstoß führen wollen. In vielen Situationen müssen wir spontan reagieren und haben überhaupt nicht die Zeit und Muße, uns im Vorfeld geeignete Konsequenzen auszudenken – geschweige denn, uns mit anderen Personen diesbezüglich abzusprechen. Wie können wir ein Hochseil betreten, ohne zu wissen, ob unter uns ein Netz gespannt ist, beziehungsweise ob das Netz uns im Fall des freien Falls überhaupt trägt? Was also tun?

Das folgende Beispiel wird uns hier Aufschluss und dementsprechend Sicherheit geben: Eine Schülerin hat wiederholt den Unterricht gestört. Der Lehrer hat sie mehrere Male deeskalativ ermahnt (Phase 1: freundlich-bestimmt), sie dann verwarnt und ihr angedroht, dass sie im Wiederholungsfall die Klasse zu verlassen habe (Phase 2: energisch-bestimmt / gelbe Karte). Nach der nächsten massiven Störung fordert er die Schülerin auf, ihre Tasche zu packen und für den Rest der Stunde am Tisch vor dem Lehrerzimmer allein weiterzuarbeiten. Die Schülerin aber weigert sich, die Klasse zu verlassen. Auf diese Art von Widerstand war der Lehrer nicht gefasst; das war ihm in seiner bisherigen Schullaufbahn noch nicht passiert. Also hatte er sich für den Fall, dass ein Schüler oder eine Schülerin trotzig in der Klasse bleibt, keine angemessenen Konsequenzen überlegt. Schlägt er also ohne Netz auf dem harten Boden der Wirklichkeit auf?

»Juna, ich habe dich eben verwarnt. Du hast gerade zum wiederholten Mal deinem Tischnachbarn das Heft weggenommen. Die Sachlage ist klar: rote Karte. Du nimmst jetzt dein Heft, gehst an den Tisch vor dem Lehrerzimmer, meldest dich bei der Schulleitung an und arbeitest dort allein bis zum Ende der Stunde. Dann sehen wir weiter.«

»Nein, mach ich nicht. Ich habe doch gar nichts gemacht.«

»Keine Diskussion: Ich habe dich im Vorfeld verwarnt, und jetzt gehst du raus.«

»Nein! Sascha hat mich gerade etwas gefragt, und ich wollte ihm nur was in seinem Heft zeigen. Ich geh nicht raus, schmeißen Sie doch Sascha raus.«

»Juna, du gehst raus. Ist das klar?«

»Nein.«

»Ist das klar?«

»Wenn Sascha nicht geht, geh ich auch nicht.«

»Das heißt, du weigerst dich, meinen Anordnungen zu folgen?«

»Ich habe doch gar nichts gemacht.«

»Okay, Juna, pass auf. Ich gebe dir jetzt zwei Möglichkeiten: Entweder du folgst meiner Anweisung und gehst vor das Lehrerzimmer. Oder du bleibst hier sitzen – und trägst sämtliche Konsequenzen. Es geht dann nicht mehr nur um deine Störungen, sondern vor allem um deine fortgesetzte Weigerung, den Raum zu verlassen. Das sind schon zwei schwere Regelverstöße. Da kommt richtig dicker Ärger auf dich zu.«

»Welcher denn?«

»Das wirst du sehen. Und ich kann dir jetzt schon sagen, das wird heftig. Du hast genau fünf Minuten Zeit, die Klasse zu verlassen. Ich mache die Tür so lange auf und unterrichte jetzt weiter. Solltest du nach den fünf Minuten noch immer hier sitzen, entscheidest du dich für einen sehr ungemütlichen Weg. Überleg es dir gut. Verlass besser den Raum, bevor es zu spät ist.«

Mit diesen Worten wendet sich der Lehrer von der Schülerin ab, öffnet die Tür des Klassenraums und nimmt den Unterricht wieder auf. Er verlässt die konfrontative Situation und lässt Juna mit ihrer Entscheidung allein. Sollte sie die Klasse innerhalb der nächsten fünf Minuten verlassen, lässt er sie kommentarlos ziehen – der

Konflikt ist geklärt. Falls aber Juna nach Ablauf der ihr gegebenen Frist immer noch auf ihrem Platz sitzen sollte, spricht der Lehrer sie ein letztes Mal an:

»Okay, Juna, die fünf Minuten sind um. Letzte Chance: Geh bitte raus.«
»Nö, ich bleibe hier; ich habe ein Recht auf Unterricht.«
»Also gut: Du trägst sämtliche Konsequenzen. Ich hoffe, du hast dir das gut überlegt.«
»Pfff. Ja, habe ich. Sie können mir ja eh nichts.«
»Wir werden das jetzt nicht weiter besprechen. Ich will mit dem Unterricht fortfahren. Ich gebe dir nach der Stunde einen Termin, zu dem ich dir die Konsequenzen mitteilen werde.«

Wirksame und pädagogisch sinnvolle Konsequenzen müssen wohl überlegt sein.

Für die weiteren Konsequenzen (zum Beispiel Elterngespräch, Klassenkonferenz) bedarf es näherer Überlegungen und Absprachen mit der Klassenlehrerin des Mädchens, dem Klassenteam oder angesichts der Schwere des Regelverstoßes (= »Hausfriedensbruch«) sogar mit der Schulleitung.

Schauen wir uns die Vorgehensweise des Lehrers noch einmal zusammenfassend kurz an: Er hat die Schülerin damit konfrontiert, dass sie einen doppelten Regelverstoß begeht, und den genauen Inhalt der Konsequenzen offengelassen (»Du trägst sämtliche Konsequenzen«).

Alternativ hätte er auf die Frage der Schülerin nach den Konsequenzen auch präziser antworten können:

»Welche Konsequenzen hat denn mein Verhalten? Sagen Sie es mir doch!«
»Das weiß ich noch nicht. Und ich werde mir während des Unterrichts auch keine Gedanken darüber machen. Ich werde mich

dafür mit deiner Klassenlehrerin oder sogar der Schulleitung absprechen. Aber ich kann dir versichern, dass es sehr unangenehm für dich wird. Also überleg es dir gut, ob du das riskieren willst. Du hast fünf Minuten Zeit.«

Daraus folgt: Haben wir in einem Konflikt keine passende Konsequenz parat, dann machen wir unserem Konfliktpartner klar, dass seine doppelte Regelverletzung gravierende Folgen für sie oder ihn haben wird. Den genauen Inhalt der Konsequenzen lassen wir jedoch offen, um uns unseren pädagogischen Handlungsspielraum zu bewahren.

Der schlimmste aller schlimmen Fälle

Seien wir ehrlich: Wie oft gehen wir mit der unterschwelligen Angst in einen Konflikt hinein, dass der »schlimmste Fall« eintritt und sich unser Gegenüber beharrlich weigert, die Regel zu beachten? »Was mache ich bloß, wenn der nicht einsichtig ist und einlenkt?«, so lautet die angstvolle Frage, die ein selbstsicheres Auftreten blockiert. Die Angst vor dem schlimmsten Fall schwingt bei Regelverstößen häufiger mit, als wir es uns eingestehen wollen.

Wenn wir jedoch die obige Strategie verfolgen, wird die Auseinandersetzung zu einem Spiel, das wir nicht verlieren können: Denn solange eine regelverletzende Person von uns zwei Optionen erhält und eine dieser Optionen beinhaltet, dass die Regel um den Preis von Konsequenzen missachtet werden kann, so lange bleibt ein Joker in unserer Hinterhand. Wir müssen nicht gewinnen und können daher in den ersten beiden Konfliktphasen gelassen und selbstsicher agieren.

Das bedeutet konkret: Die Schülerin Juna kann, da sie sich für den Weg der Konsequenzen entschieden hat, im Unterricht sitzen bleiben, ohne dass der Lehrer dadurch seine Autorität verliert.

Denn Juna handelt mit ihrem Verbleib im Unterricht nicht *gegen* die Aufforderung des Lehrers, sondern im Gegenteil *gemäß* einer ihr vorgegebenen Option seitens des Pädagogen. Nach der Stunde wird der Lehrer die Schülerin kurz und knapp darüber informieren, welche weiteren Schritte er einleiten wird und wann sie mit den Ergebnissen rechnen kann.

Das bedeutet: Mit dem Netz der Konsequenzen unter Ihnen können Sie in den ersten beiden Konfliktphasen hoch pokern, ohne verlieren zu können. Wie auch immer sich die regelverletzende Person entscheidet: Sie handelt gemäß Ihrer Vorgaben. Wie oben ausgeführt: Ein Befehl verlangt Gehorsam, einer Aufforderung darf sich der Kontrahent widersetzen – vorausgesetzt, die verantwortliche Person hat wirksame Konsequenzen in der Hinterhand.

Gehen wir gedanklich noch einen Schritt weiter und konstruieren den »schlimmsten schlimmen Fall« – nämlich, dass sich die Schülerin nicht nur weigert, die Klasse zu verlassen, sondern danach den Unterricht so sehr stört, dass der Lehrer nicht weiterunterrichten kann:

> »Juna, du hast dich eben für die Konsequenzen entschieden. Und jetzt störst du weiter den Unterricht. Entweder du bist sofort ruhig oder ich lasse dich von der Schulleitung aus dem Unterricht holen. Was das für dich bedeutet, kannst du dir ausmalen. Es ist deine Entscheidung; aber bei der nächsten kleinen Störung rufe ich die Schulleitung.«

Auch für diesen Fall gilt, dass der Lehrer so lange ein Netz unter sich hat, wie er noch eine weitere Konsequenz in der Hinterhand hat:

> »Okay, Juna, du hast schon wieder gestört. Ich habe dich gewarnt. Ich gehe jetzt zur Schulleitung und lasse dich aus meinem Unterricht holen. Du bleibst hier und wartest.«

Sie sehen: Auch in diesem schlimmsten aller schlimmen Fälle fällt der Lehrer weich. Und solange er diesen Vorgang ruhig und gelassen durchführt, befindet er sich nicht auf der Flucht, sondern führt eine selbstbestimmte Handlung selbstsicher aus. Das unaufgeregte Herbeiholen der Schulleitung bedeutet keinerlei Autoritätsverlust – weder vor Juna, noch vor den anderen Schülerinnen und Schülern seiner Klasse.

Zusammenfassend können wir sagen: Wir sollten uns durch eine unbedachte Zuspitzung eines Konflikts niemals in die Verlegenheit bringen, einer regelverletzenden Person keine Wahlmöglichkeiten mehr anbieten zu können. Denn wenn unser Kontrahent keine Wahl mehr hat, dann haben auch wir keine Wahl mehr – wir müssen den Konflikt gewinnen, wollen wir unsere Autorität wahren. Solange wir Konsequenzen in der Hinterhand haben und diese als eine von zwei Optionen der regelverletzenden Person vorgeben, können wir gelassen in einem Konflikt agieren. Wir können nicht verlieren.

Ausstieg aus dem Ausstieg

Dennoch sollten wir bei aller Wirksamkeit der Konfliktbewältigung eines bedenken: Der Schülerin Juna ist nicht nur mit Konsequenzen zu begegnen. Ansonsten ist deren »Abschiebung« vorprogrammiert. Juna hat sich, aus welchen Gründen auch immer, in einer Situation verrannt, aus der sie ohne äußere Hilfe nicht mehr herauskommt.

Ihr sollte der Ausstieg aus ihrem Ausstieg erleichtert werden. Dazu sind – neben der Verhängung von Konsequenzen – umfangreiche Konfliktgespräche notwendig, in denen die beteiligten Pädagogen vor der schwierigen Aufgabe stehen, die Hintergründe des Verhaltens der aufsässigen Schülerin in Erfahrung zu bringen. Und sie sollten der Schülerin Brücken

Die Konsequenz immer konsequenterer Konsequenzen kann das empathisch geführte Konfliktgespräch sein.

bauen, sodass sie aus dem Teufelskreis von Eskalationen und Konsequenzen ausbrechen kann.

Da aber die Vermittlung von Techniken für das Führen derartiger Konfliktgespräche den Umfang dieses Buches sprengen würde, begnügen wir uns an dieser Stelle mit dem Hinweis darauf, dass ein sicheres Auftreten bei Regelverletzungen nicht die Notwendigkeit von aufwändigen pädagogischen Prozessen ersetzen kann. Für diese Prozesse benötigen wir etwas, das in der aktuellen Bewältigung von Regelverstößen aufgrund objektiver Gegebenheiten häufig zu kurz kommt: Zeit, Empathie und Wertschätzung (siehe hierzu auch unser Buch *Angriff ist die schlechteste Verteidigung*).

Fazit

1. Machen Sie sich möglichst im Vorfeld eines Konflikts Gedanken über sinnvolle Konsequenzen.
2. Konfrontieren Sie Ihren Konfliktpartner auch mit dem zweiten Regelverstoß, nämlich dessen Weigerung, Ihre Aufforderungen zu befolgen.
3. Stellen Sie Ihr Gegenüber vor die Wahl, sich entweder regelkonform zu verhalten oder die Konsequenz zu wählen.
4. Treiben Sie Ihren Kontrahenten nicht durch unnötigen Druck so weit, aus Gründen der Wahrung des Gesichts die Konsequenz wählen zu müssen.
5. Geben Sie Ihrem Gegenüber im Zweifelsfall Zeit, sich zu besinnen und sich frei für oder gegen die Einhaltung einer Regel entscheiden zu können. Gehen Sie zwischenzeitlich aus dem Konflikt heraus.

6. Sollten Sie im Konflikt keine geeignete Konsequenz parat haben, lassen Sie den Inhalt der Konsequenz offen.
7. Ermöglichen Sie der regelverletzenden Person immer einen Ausstieg aus ihrem Ausstieg.

Viele Wege führen zum Ziel

Wie bereits angedeutet, möchten wir in so mancher pädagogischen Situation, in der sich ein Kind oder ein Jugendlicher in einem Konflikt sichtlich verrannt hat und ohne gefühlten Gesichtsverlust keinen Ausweg aus dem Dilemma mehr sieht, eher den Druck aus dem Konflikt herausnehmen, statt ihn über den Weg der Androhung einer Konsequenz noch weiter zu erhöhen. Die Entscheidung für *Druck rein* (= Konsequenz-Ebene) oder *Druck raus* (siehe unten) können Sie nur im konkreten Einzelfall fällen. Wir möchten Ihnen an dieser Stelle lediglich eine kleine Entscheidungshilfe anbieten:

- *Druck rein:* Sollten Sie das Gefühl haben, dass das Kind oder der Jugendliche es in dem Konflikt darauf anlegt, die Grenzen auszutesten und es auf einen entsprechenden Machtkampf anzulegen, kann es durchaus ratsam sein, diese Herausforderung anzunehmen und der betreffenden Person dadurch Grenzen aufzuzeigen, indem Sie ebenfalls kontrolliert eskalieren und auf die Ebene der Konsequenzen wechseln.
- *Druck raus:* Sollten Sie jedoch das Gefühl haben, dass sich Ihr Gegenüber verrannt hat und nun eher um die Wahrung seines oder ihres Gesichts kämpft statt um den eigentlichen Inhalt des Konflikts, plädieren wir eher für die Herausnahme des Drucks. Die entsprechenden Druck-raus-Techniken werden wir Ihnen unten genauer vorstellen.

Die Frage, die zur pädagogischen Entscheidung führen sollte, lautet also: Hat sich die regelverletzende Person verrannt oder legt sie es bewusst auf einen Machtkampf an? Natürlich ist uns klar, dass die Wirklichkeit nicht immer schwarz-weiß ist, sondern jede Menge Grautöne aufweist: Eine einfache Unterteilung der sich verweigernden Kinder und Jugendlichen in »verrannt« oder »aufsässig« ist nicht immer möglich.

Grautöne gehören zum Alltag ...

Aber mit etwas pädagogischem Fingerspitzengefühl und Erfahrung bietet die Antwort auf die innerlich sich selbst gestellte Frage »Hast du dich verrannt, oder legst du es auf einen Machtkampf an?« zumindest einen geeigneten Anhaltspunkt dafür, ob Sie im Einzelfall eher eine Druck-raus- oder eine Druck-rein-Vorgehensweise wählen. Pädagogische Entscheidungen sind weder einfach, noch eindeutig.

Mit dem Kopf durch die Wand

Die 14-jährige Schülerin Nadine benutzt im Unterricht heimlich ihr Handy. Die Regel an der Schule ist für den Fall des Erwischtwerdens eindeutig: Abgabe des Handys bis zum Ende des Schultags. Wir skizzieren mit ein paar Sätzen kurz das Ende des ca. 40-sekündigen Konflikts um das Handy:

»Nadine, wir müssen das nicht diskutieren, wie oft oder wie lange du eben auf dein Handy geschaut hast. Du hast es gemacht und gibst es ab.«
»Das ist total ungerecht. Ich habe nur auf die Uhr geschaut. Ich geb's nicht her!«
»Komm, mach es nicht noch schlimmer: Gib es ab und du kriegst es heute Mittag zurück.«
»Mach ich aber nicht!«
»Nadine, du gibst mir dein Handy. Komm!«
»Nö!«

Für den Verlauf des Konflikts ist es wichtig, auch die Körpersprache der beiden Protagonistinnen zu beschreiben: Nadine ist sichtlich erregt, bockig und aggressiv. Am Ende des Konflikts verschränkt sie die Arme vor der Brust und senkt trotzig ihren Kopf. Die Lehrerin dagegen war bis zum Schluss freundlich-bestimmt – sie hat durchgehend deeskaliert.

Angesichts der Verweigerung von Nadine am Ende des Konflikts war klar, dass die Lehrerin keine Chance mehr sieht, in einem absehbaren Zeitraum das Handy von Nadine ausgehändigt zu bekommen – zumal 28 andere Schülerinnen und Schüler Zeuge dieser Auseinandersetzung sind. Sie steht vor der Entscheidung, den Druck auf Nadine zu erhöhen (= Konsequenz-Ebene) oder aber den Druck aus der Situation vorerst herauszunehmen.

Unterstellen wir hier, dass die Lehrerin Nadine kennt und sie daher auch einzuschätzen weiß: Nadine ist sehr impulsiv und teilweise aufbrausend. Sie gerät schnell in Rage, weil sie Handlungen anderer Menschen häufig als gegen sich gerichtet empfindet; sie kämpft gerade in Gruppensituationen schnell um ihr Image vor den Mitschülerinnen und kann dann nur noch um den Preis eines empfundenen Gesichtsverlustes nachgeben. Folglich unterstellt die Lehrerin in diesem Falle nicht, dass Nadine mit ihrer Verweigerung einen generellen Machtkampf provozieren möchte, sondern dass sie sich in diesem Konflikt wieder einmal verrannt hat und in der verfahrenen Situation keinen anderen Ausweg mehr sieht, als bockig die Abgabe des Handys zu verweigern.

Ringt das Gegenüber um sein Image, ist es sinnvoll, Druck aus der Situation zu nehmen.

Also fällt die Lehrerin die pädagogische Entscheidung, den Druck aus dem Konflikt herauszunehmen und zunächst auf die Androhung von Konsequenzen zu verzichten. Zumal sie bereits mehrfach die Erfahrung gemacht hat, dass auch die Verhängung von Konsequenzen bei Nadine nicht dazu führt, dass diese sich beim nächsten Konflikt besser steuern und die Eskalation von Konflikten vermeiden kann.

Mögliche Druck-raus-Techniken für diese Situation möchten wir im Folgenden kurz skizzieren.

Druck-raus-Techniken

1. *Zeit rein:* »Nadine, beruhig dich erst einmal. Lass uns hier keinen Machtkampf um dein Handy bestreiten. Ich unterrichte weiter, und du gibst mir in den nächsten fünf Minuten dein Handy. Heute Mittag kriegst du es dann zurück.« Die Zeit-rein-Technik ist die am wenigsten aufwändige aller Druck-raus-Techniken. Die Lehrerin setzt auf die Erfahrung, dass sich Nadine meistens genauso schnell wieder runterfährt, wie sie in Konflikten hochkocht. Und mit »angeschaltetem Großhirn« ist Nadine in der Regel wieder einsichtig. Wir kennen die Zeit-rein-Technik auch aus privaten Konflikten, wo wir sie nicht nur häufig, sondern meist auch sehr erfolgreich anwenden. Ein Jugendlicher weigert sich beharrlich, die PlayStation auszumachen: »Okay, fünf Minuten noch – aber dann machst du sie aus.«
2. *Vertagen:* »Nadine, wir brechen an dieser Stelle ab. Mach dein Handy aus, pack es unten in deine Tasche, und wir klären den Rest gleich in der Pause.« Diese Technik, eine Variation der Zeit-rein-Technik, eignet sich immer dann, wenn es gilt, den Druck des Gesichtsverlustes vor dem anwesenden Publikum aus einem Konflikt herauszunehmen.
3. *Den Ort wechseln:* »Nadine, lass uns das kurz draußen klären. Da haben wir mehr Ruhe. Komm bitte kurz mit.« Auch diese Technik der Verortung eines Konfliktes bietet sich immer dann an, wenn Sie das Gefühl haben, dass der vermeintliche Gruppendruck so stark ist, dass ein Nachgeben des Kindes oder Jugendlichen ohne empfundenen Gesichtsverlust vor der Peergroup nicht mehr möglich ist.
4. *Die Gesprächsebene wechseln:* »Nadine, lass uns mal kurz durchatmen. Es geht nicht nur um dein Handy, oder? Was ist passiert?« Bei dieser Technik geht es darum, einen Konfliktpartner, der oder die sich sichtlich verschlossen hat, wieder zu öffnen. Und diese Öffnung wird nicht auf der Ebene der Abgabe des Han-

dys (= Sachebene) geschehen, sondern eher auf der Beziehungsebene des Konflikts. Eine Variation könnte auch sein: »Nadine, lass uns hier keinen Kampf um dein Handy durchführen. Was ist los? Warum kannst du es nicht abgeben? Da steckt doch irgendwas dahinter. Warum ist es dir so wichtig?« »Ich finde das ungerecht; andere spielen auch heimlich damit, und bei denen sehen Sie das nicht.« »Okay, lass uns das kurz draußen klären.« Nachdem sich Nadine auf der neuen Gesprächsebene wieder öffnen konnte und aus ihrer strikten Verweigerungshaltung herausgekommen ist, hat die Lehrerin auf die vorige Druck-raus-Technik gewechselt: Den Ort wechseln. Und vor der Tür wird Nadine mit hoher Wahrscheinlichkeit das Handy ohne Gesichtsverlust vor der Gruppe abgeben können.

Die Frage nach den Hintergründen für das Verhalten kann helfen, die Verweigerungshaltung aufzulösen.

5. *Auszeit anbieten:* »Nadine, bevor wir uns jetzt richtig in die Haare kriegen, mache ich dir ein Angebot: Nimm dir eine kurze Auszeit. Dreh eine Runde, überlege kurz, wie es weitergehen kann – und wenn du eine Entscheidung gefällt hast, kommst du wieder rein und wir schauen weiter. Okay?« Diese Technik setzt darauf, dass über die physische Bewegung auch die erstarrte geistige Position des Gegenübers wieder in Bewegung gesetzt wird und der Konflikt geöffnet werden kann. Darüber hinaus hat durch die damit verbundene Auszeit auch Nadines Großhirn eine Chance, sich wieder einzuschalten.
6. *Konfliktübergabe*: »Nadine, ich glaube, wir beide kommen an dieser Stelle nicht weiter. Und bevor wir uns jetzt in einen Machtkampf hineinsteigern, mache ich dir ein Angebot: Ich rufe eben den Sozialarbeiter, und du klärst das dann mit ihm. Abgemacht?« Häufig lassen sich festgefahrene Konfliktkonstellationen durch das Wechseln des Ansprechpartners auflösen. Eine Variation aus dem privaten Umfeld: »Wir beide kommen

bei der Frage um deine PlayStation nicht weiter. Und bevor wir wieder in einen Machtkampf geraten, hole ich eben die Mama. Kläre das bitte mit ihr. Okay?« Diese Technik bietet sich immer dann an, wenn Sie das Gefühl haben, dass auch Ihr Gegenüber, also das Kind oder der Jugendliche, einen Ausweg aus der festgefahrenen Situation wünscht, aber Ihnen gegenüber nur um den Preis eines massiven Gesichtsverlustes nachgeben könnte. Ein Wechsel des Ansprechpartners wirkt manchmal Wunder: Ein Nachgeben des Kindes oder Jugendlichen gegenüber einer »neutralen« Person erscheint dann auf einmal ohne das Gefühl der Erniedrigung möglich.

7. *Entgegenkommen:* »Nadine, machen wir doch folgendes: Du weißt, wie sehr auch ich mein Handy liebe. Ich biete dir folgendes an: Wenn du dein Handy abgibst, lege auch ich mein Handy hier in mein Pult, schließe ab und verspreche dir, dass ich es bis zum Ende des Schultages ebenfalls nicht benutze. Abgemacht? Komm, gib es mir bitte.« Auch diese Technik dient der Gesichtsverlustvermeidung des Kindes oder Jugendlichen, denn schließlich, so der Eindruck des Gegenübers, gibt es durch das erwachsene Entgegenkommen keine einseitige Niederlage.

Konsequent bleiben

Natürlich können Sie hinter jede der vorgestellten Techniken ein dickes Fragezeichen machen: Was ist, wenn das Handy auch nach fünf Minuten nicht abgegeben wird? Was ist, wenn Nadine in der Pause nicht erscheint? Was ist, wenn sie sich weigert, mit vor die Tür zu kommen? Was ist, wenn die Schülerin nicht bereit ist, auf eine andere Gesprächsebene zu wechseln? Was ist, wenn Ihr Gegenüber die Auszeit ablehnt? Was ist, wenn keine andere Person zur Konfliktübergabe zur Verfügung steht? Und was ist, wenn auch Ihr Entgegenkommen nicht zum Einlenken des Gegenübers führt?

Jeder dieser Einwände ist vollkommen berechtigt und von uns nicht zu widerlegen. Dennoch haben wir dazu drei Antworten:

1. In der Pädagogik und Erziehung haben wir es mit Menschen zu tun. Einfache Tipps und Tricks, die immer funktionieren, gibt es nicht. Wir müssen stattdessen ein Gefühl dafür entwickeln und Erfahrungen dahingehend sammeln, bei welchem Kind oder Jugendlichen welche Technik funktionieren kann und welche nicht. Daher haben wir Ihnen eine möglichst große Bandbreite von Druck-raus-Techniken vorgestellt, damit Sie im Einzelfall die Technik herausgreifen können, die Ihnen bei dem konkreten Kind oder Jugendlichen und in der jeweiligen Situation am geeignetsten erscheint.

Nichts funktioniert immer! Die Druck-raus-Technik muss zum Gegenüber passen.

2. Bei all den Druck-raus-Techniken handelt es sich um deeskalative Angebote. Das heißt: Unser Gegenüber kann sie annehmen, muss es aber nicht. Und da es sich bei diesen Techniken um Angebote und keine Verordnungen handelt, führt eine Ablehnung auch nicht zum Autoritätsverlust der Erwachsenen, seien dies nun Eltern oder Pädagoginnen und Pädagogen.
3. Im Falle der Ablehnung einer Druck-raus-Technik seitens des Kindes oder Jugendlichen bleibt immer noch die Möglichkeit, weitere Maßnahmen zu ergreifen – sei es der Übergang auf die Konsequenz-Ebene, oder aber der Wechsel zu einer anderen Druck-raus-Technik: »Nadine, die fünf Minuten Bedenkzeit sind um und du hast dein Handy immer noch nicht abgegeben. Wir klären das gleich in der Pause. Bleib dann bitte hier.« Oder aber: »Nadine, du willst den Konflikt nicht mit mir draußen klären? Gut, das ist deine Entscheidung. Dann gebe ich dir jetzt zwei Möglichkeiten: Entweder du gibst dein Handy ab, oder aber es gibt eine Konsequenz ...« (= Übergang auf die Konsequenz-Ebene).

Um keine Missverständnisse aufkommen zu lassen: Keine der Techniken stellt infrage, dass wir Erwachsenen konsequent sein müssen in der Pädagogik oder Erziehung unserer Kinder und Jugendlichen. Aber konsequentes Verhalten heißt nicht, dass bei fortgesetzter Verweigerung automatisch auf die Konsequenz-Ebene gewechselt werden muss. Konsequentes Verhalten kann auch bedeuten, und darauf zielen die oben dargestellten Druck-raus-Techniken ab, dass wir uns bessere Bedingungen dafür schaffen, konsequent sein zu können. Das heißt im Klartext: In der Pause, nach der Bedenkzeit, nach der Auszeit, nach der Konfliktübergabe, nach dem Ortswechsel etc. bestehen wir natürlich weiterhin auf der Abgabe des Handys oder dem Ausschalten der PlayStation – aber unter wesentlich günstigeren Vorzeichen. Denn die hochgekochten Emotionen des Kindes oder Jugendlichen sind abgeklungen; das Großhirn ist wieder eingeschaltet, das Publikum nicht mehr vorhanden oder die Konfliktkonstellation des Ich-gegen-dich aufgelöst.

Auch bei Verweigerung tragen wir die Verantwortung, dass unser Gegenüber nicht unangemessen an der Härte der Konsequenzen leiden muss.

Wir haben durch die Druck-raus-Techniken lediglich der Tatsache Rechnung getragen, dass wir es mit Kindern oder auch Jugendlichen zu tun haben, die noch viel lernen müssen, um sich selbst in Konflikten angemessen steuern zu können. Wir schützen sie vor sich selbst und der möglicherweise überzogenen Härte von Sanktionen. Und wir schützen uns vor dem zeitlichen und nervlichen Aufwand von Konsequenzen. In jedem Fall bleiben wir konsequent und präsent mit unserem Anliegen und unserem Beharren auf der Einhaltung von Grenzen und Regeln; aber wir Erwachsenen entscheiden darüber, wann konsequentes Verhalten angebracht ist, und nicht unsere Kinder und Jugendlichen.

Deeskalation folgt auf Deeskalation

Wir möchten an dieser Stelle noch einmal betonen: Wir, Autorin und Autor dieses Buches, sind große Verfechter der Deeskalation. Die meisten Regelverstöße und Grenzverletzungen lassen sich, das ist unsere Erfahrung, deeskalativ lösen. Nur in Ausnahmefällen, nämlich bei mittleren oder gar schweren Regelverstößen, halten wir die Konfrontation für das geeignetere und angemessenere Mittel der Grenzziehung.

Und es gibt einen weiteren wichtigen Grund, mit der Konfrontation eines Kindes oder Jugendlichen in Konflikten vorsichtig und angemessen umzugehen. Sie schränkt die eigene Handlungsmöglichkeit drastisch ein: Nach Gelb muss Rot kommen.

Das bedeutet: Wir können in einem Konflikt nicht durch Konfrontation den Druck auf das Kind oder den Jugendlichen erhöhen und dann, wenn wir sehen, dass wir trotz konfrontativen Auftretens nicht zum Ziel kommen, anschließend den Druck durch die entsprechenden Techniken wieder herausnehmen. Dadurch würden wir unglaubwürdig wirken und die Kernbotschaft der gelben Karte entwerten, die lautet: »Halt dich an die Regel, sonst folgt eine Konsequenz.« Ein konkretes Beispiel soll das erläutern; dazu blenden wir uns in die letzten Sekunden einer Auseinandersetzung um den Computerkonsum eines Jugendlichen ein:

Wer Druck erst aufbaut und dann rausnimmt, weil er Widerstand spürt, macht sich unglaubwürdig.

(»…«)

»Milan, ich sage es dir zum letzten Mal: Du machst den Computer aus!« (= Konfrontation / energisch bestimmt / gelbe Karte)

»Nö, mache ich nicht. Ich spiele noch zu Ende!« (trotzig / aggressiv)

»Du machst ihn aus, und zwar sofort!« (= Konfrontation)

»Nö, das Level spiel ich noch zu Ende!«

»Ja gut, noch fünf Minuten, aber dann machst du ihn aus.« (Druck raus / Deeskalation)

Als Tiger gesprungen – und als Bettvorleger gelandet: Die Mutter oder der Vater hat den Druck auf Milan durch Konfrontation erhöht, dann eingesehen, dass auch die gelbe Karte nicht zum Ziel führt, und anschließend den Druck wieder herausgenommen.

Nur vor der »heißen Phase« des Konflikts lässt ein deeskalatives Vorgehen der erwachsenen Person die Möglichkeit offen, im pädagogisch begründeten Einzelfall auf die Konsequenz zu verzichten.

Im Vorfeld wäre es noch möglich gewesen, Milan stattdessen eine Druck-raus-Lösung anzubieten – und zwar ohne in seinen Augen an Autorität zu verlieren:

(»…«)
»Milan, komm: Lass uns das nicht diskutieren. Die Zeit ist um, mach den Computer bitte aus.« (= Deeskalation / freundlich-bestimmt)
»Mensch, Mama, du bist total gemein! Ich spiele das Spiel noch zu Ende!« (energisch-aufbrausend)
»Pass auf: Kompromiss. Fünf Minuten noch das Spiel zu Ende, und dann machst du ihn aus. Aber ohne Diskussion und Theater! Klar?« (Druck-raus-Technik: Zeit rein)
»Zehn Minuten.«
»Kein Feilschen. Fünf Minuten noch.«
»Ja guuut.«

Im ersten der beiden Fälle geht die erwachsene Person mit einem Autoritätsverlust vom Platz. Und in den Augen von Milan ist die gelbe Karte ihrer Kernbotschaft beraubt: Er spürt, dass Gelb nicht zwangsläufig bedeutet, dass Rot folgt. Im zweiten Fall dagegen wirkt das Elternteil konsequent und wertschätzend zugleich. Der Übergang auf die Druck-raus-Ebene wirkt in Milans Augen nicht – wie in dem ersten Beispiel – als Einknicken des Elternteils, sondern als souveräne Entscheidung. Die erwachsene Person wahrt trotz einer Druck-raus-Lösung ihre Autorität.

Zusammengefasst lässt sich festhalten: Nach gescheiterter Deeskalation bleiben uns viele Möglichkeiten, um weiterzuverfahren; nach gescheiterter Konfrontation nur noch eine: Konsequenz. Oder anders formuliert:

- Deeskalation bedeutet, dem Gegenüber im Konflikt Raum zu lassen. Im Umkehrschluss heißt das, sich selbst mehr Raum (= Möglichkeiten) zu bewahren für eventuell nötige weitere Schritte: Druck raus oder Druck rein.
- Konfrontation bedeutet, den Raum des Gegenübers durch eine energisch-bestimmte Grenzziehung drastisch zu verengen: Gelbe Karte. Und im Umkehrschluss verengt sich auch der eigene Raum bei Scheitern der Konfrontation auf eine einzige Möglichkeit: Rote Karte!

Keine Vorwarnung

Nachdem wir Möglichkeiten aufgezeigt haben, wie wir durch ein deeskalierendes Vorgehen und mit Hilfe von Druck-raus-Techniken Konflikte entschärfen können, sehen wir uns zum Abschluss noch die gegenteilige Variante an: die unmittelbare Konfrontation durch den sofortigen Übergang auf die Konsequenz-Ebene.

Bei schweren Regelverstößen: Direkt die rote Karte zeigen.

Denn nach schweren Regelverstößen kann es sinnvoll und durchaus angemessen sein, ohne vorherige Warnung und ohne jegliches Deeskalationsangebot direkt Konsequenzen zu verhängen.

Eine Fußball-Analogie verdeutlicht dies: Begeht ein Spieler ein schweres Foul (= z.B. mit hohem Verletzungsrisiko für den Gegenspieler), wird ihm direkt die rote Karte gezeigt.

Übertragen wir diesen Sachverhalt aus dem Fußball auf ein pädagogisches Beispiel: Eine Schule wurde aufwändig renoviert. Zuvor war das Gebäude großflächig mit Graffiti bedeckt. Um das neue, gepflegte Aussehen nun möglichst lange zu erhalten, wurde eine klare Regel erlassen: Schmierereien und Graffitis sind strengstens verboten. Für ein Zuwiderhandeln wurde in der Schulkonferenz einstimmig ein Katalog mit schwerwiegenden Konsequenzen verabschiedet. Eines Abends verlässt eine Lehrerin die Schule und entdeckt, wie eine Schülerin auf dem einsamen Hof mit einer großen Spraydose ein Graffiti an die Wand sprüht. Da es sich um eine große Schule handelt, kennt die Lehrerin die Schülerin nicht persönlich. Sie spricht sie an:

»Du weißt genau, dass das, was du da gerade tust, strengstens verboten ist. Du sagst mir sofort deinen Namen und deine Klasse.«

»Aber ich entferne es wieder. Ich besorge Lösungsmittel. Versprochen! Morgen früh sehen Sie nichts mehr.«

»Die Schule ist frisch renoviert. Du weißt, dass wir daher strikt gegen jede Verunreinigung und Kritzelei vorgehen. Dein Sprayen hat Konsequenzen, auch wenn du die Farbe wieder entfernst. Nenne mir deinen Namen.«

»Ich mach es weg, und alles ist wieder okay. Nun seien Sie doch nicht so streng.«

»Doch, bin ich. Wie ist dein Name?«

»Äh, Müller.«

»Vorname und Klasse.«

»Äh, Lieschen, 12b.«

»Ich mache dich darauf aufmerksam, dass du beträchtlichen zusätzlichen Ärger bekommst, wenn du mir auch noch einen falschen Namen nennst. Also, du bleibst dabei: Die Angaben stimmen und du heißt Lieschen Müller?«

»Ja.«

»Letzte Chance: Ich werde herausbekommen, wie du heißt. Also: Wie ist dein Name?«

»Schönwetter.«

»Und dein Vorname?«

»Doro.«

»Und in welche Klasse gehst du?«

»In die Zwölfte.«

»Okay. Den Rest regelt die Stufenleitung mit dir. Um es nicht so schlimm und teuer werden zu lassen, empfehle ich dir, die Farbe schnell wegzumachen.«

Vor dem Hintergrund des Konferenzbeschlusses und angesichts der Schwere des Regelverstoßes spricht die Lehrerin die sprayende Schülerin direkt mit einem energisch-bestimmten Auftreten an:

- Sie überspringt die ersten beiden Konfliktphasen und zeigt der regelwidrig handelnden Schülerin ohne Vorwarnung die rote Karte. Sie konfrontiert sie mit ihrem Vergehen, fordert sie auf, ihren Namen zu nennen, und macht ihr deutlich, dass sie zwangsläufig mit massiven und unabwendbaren Konsequenzen zu rechnen hat.
- Der aktuelle Konflikt um das Sprayen scheint durch die energische Intervention der Lehrerin vorläufig geklärt, als sich ein weiterer Regelverstoß abzeichnet: Die Schülerin gibt offensichtlich einen falschen Namen an. Da die Lehrerin ahnt, dass die Schülerin lügt, überspringt sie erneut die ersten beiden Konfliktphasen, konfrontiert die Schülerin mit ihrem neuen Vergehen und stellt sie vor die Alternative: »Entweder du handelst regelkonform, indem du mir den richtigen Namen nennst, oder du trägst auch für

die mögliche Lüge sämtliche Konsequenzen.« Die Schülerin entscheidet sich angesichts des energisch-bestimmten Auftretens und aus Angst vor massiven Konsequenzen für die Nennung ihres richtigen Namens. Dadurch kann dieser Regelverstoß ohne weitere Konsequenzen beigelegt werden. Die Schülerin hat die Chance zur Umkehr genutzt.

Doch dessen ungeachtet hat die Sprayerin natürlich sämtliche Konsequenzen in Bezug auf ihre regelwidrige Graffiti-Aktion zu tragen.

Fazit: Bei schweren Regelverstößen kann es sinnvoll sein, ohne Umwege über die erste oder zweite Konfliktphase den Konflikt unmittelbar auf der Konsequenz-Ebene zu behandeln. Das Auftreten ist in diesem Fall ab der ersten Sekunde des Konflikts energisch-bestimmt.

Mit Kanonen auf Spatzen schießen

Wenn, so drängt sich die Frage auf, das Wechseln auf die Konsequenz-Ebene ein derart wirksames Mittel bei Regelverstößen ist, warum sollen dann überhaupt mühsam die ersten beiden Phasen der Konfliktbewältigung durchlaufen werden? Warum geht man nicht schon bei einem leichten Regelverstoß energischer vor und macht der regelverletzenden Person klar: »Entweder du hältst dich an die Regel oder du trägst die Konsequenzen!« Oder verkürzt: »Entweder – oder!«

Ein Beispiel aus dem familiären Umfeld zeigt, welche Probleme bei einem allzu frühzeitigen Wechsel auf die Konsequenz-Ebene entstehen können: Ein zwölfjähriger Junge hat vergessen, seine schmutzigen Schuhe zu putzen. Vereinbart ist zwischen den Eltern und ihm, dass er sie einmal pro Woche zu reinigen hat. Falls er es vergisst, so die Vereinbarung, hat er die Schuhe aller Familienmitglieder zu putzen.

»Jens, hast du deine Schuhe geputzt?«
»Oh, habe ich vergessen. Ich spiel grad noch das Spiel fertig und die Schuhe mach ich dann später, ja?«
»Jetzt sofort, oder du musst alle unsere Schuhe mitputzen.«
»Nur noch eben zu Ende, bitte, Mama!«
»Entweder – oder! So ist die Regel! Ich zähle bis drei!«
»Nein, mach ich nicht!«
»Eins!«
»Immer ich.«
»Zwei!«
»Nö, mach ich nicht!«
»Drei! So, die Konsequenz greift. Zur Strafe putzt du heute noch alle Schuhe.«

Die Mutter hat bereits nach der ersten Ermahnung den Weg der Konsequenz beschritten und den Sohn vor die Alternative gestellt, seine Schuhe entweder sofort zu putzen oder aber später die Schuhe der ganzen Familie zu reinigen. Dieser unmittelbare Wechsel auf die Konsequenz-Ebene ist nicht nur unnötig, sondern birgt auch für den weiteren Konfliktverlauf einige Gefahren in sich: Die Mutter schießt, da es sich um einen leichten Regelverstoß handelt, mit Kanonen auf Spatzen. Der sofortige Wechsel auf die Konsequenz-Ebene mit der Androhung, alle Schuhe putzen zu müssen, führt zu einer schnellen Polarisierung und zur Konflikteskalation. Es erscheint dem Jungen unverständlich, warum ihm sofort derart massiv gedroht wird. Aus seiner Sicht handelt es sich bei seinem Regelverstoß um eine Bagatelle – er will ja seine Schuhe putzen, möchte aber nur eben vorher zu Ende spielen. Das unvermittelt hohe Drohpotenzial treibt ihn in eine Art trotzigen Widerstand.

Das schnelle Drohen mit Konsequenzen bei leichten oder mittleren Regelverstößen führt zur Eskalation des Konflikts.

Das bedeutet: Die frühzeitige und völlig überzogene mütterliche Drohung mit dem anschließenden Anzählen des Jungen (Eins – zwei – drei!) lässt jede Form von Angemessenheit und Wertschätzung vermissen. Der mütterliche Druck erzeugt vonseiten des Sohnes Gegendruck. Dieser sieht sich als Opfer einer überstrengen Mutter und reagiert mit einem Gegenangriff. Mehrmalige freundlich-bestimmte Aufforderungen, das Putzen der Schuhe schnell zu erledigen, hätten den Sohn mit einer hohen Wahrscheinlichkeit eher zum Einlenken bewegt als die unmittelbare massive Drohung mit schweren Konsequenzen.

Und aus welchem Grund sollte er nicht erst zu Ende spielen? Rechthaberei und Prinzipienreiterei seitens der Eltern sind ebenso wenig förderlich für regelkonformes Verhalten wie Grenzen verwischende Nachlässigkeit. Da durch die frühzeitige und unvermittelt erscheinende Androhung von Konsequenzen die Wahrscheinlichkeit wächst, dass der Junge den Weg des Widerstands geht – und in unserem Beispiel damit auch den Weg der Konsequenzen –, entsteht für die Mutter zudem ein höherer Aufwand. Wie viel Zeit und Energie in Form von Kontrolle und Druck wird sie opfern müssen, bis der Sohn sämtliche Schuhe geputzt haben wird? Sie kann nur hoffen, dass es dem Sohn »eine Lehre sein wird« und sie ihr Zeit- und Energiekonto unter dem Strich dadurch aufbessern kann, dass er künftig »freiwillig« und ohne Widerstand seine Schuhe putzt.

Mit dem Androhen von Konsequenzen wird – wie oben bereits beschrieben – der Faktor Angst vor größeren Unannehmlichkeiten (= Konsequenzen) ins Spiel gebracht. Angesichts leichter Regelverstöße erscheint es uns pädagogisch fragwürdig, die Chance auf Einsicht und dadurch bedingtes regelkonformes Verhalten frühzeitig zu verspielen, indem übergroßer Druck aufgebaut und mit der Angst des Jungen gespielt wird.

Solange die Möglichkeit der Konfliktbewältigung auf einer niederschwelligen Eskalationsstufe nicht ausgeschöpft ist, besteht kein Grund, auf die konfrontative Ebene der Konsequenzen zu wechseln.

Die Konsequenz ist bei leichten oder mittleren Regelverstößen das letzte Mittel der Konfliktbewältigung – nicht das erste.

Vergleichen wir die beschriebene Vorgehensweise einer frühzeitigen und überzogenen Eskalation erneut mit einer Situation, die wir vom Fußball kennen: Ein Spieler begeht erstmalig während des Spiels ein leichtes Foul. Für diese Aktion bekommt er vom Unparteiischen direkt die rote Karte angedroht oder gar gezeigt. Keine Frage, dass sowohl der betreffende Spieler als auch sämtliche Mannschaftskameraden »stinksauer« auf den Schiedsrichter sein werden. Der Schiedsrichter ist in ihren Augen nicht mehr überparteiischer und neutraler Richter, sondern willkürlich und despotisch agierender Herrscher. Der Konflikt läuft nicht mehr entpersonifiziert, sondern stattdessen höchst persönlich ab: »Der will uns bewusst schädigen!«

Wir betonen noch einmal: Ein frühzeitiges Drohen mit Konsequenzen trägt zur Emotionalisierung und Verschärfung eines Konflikts bei. Die Konsequenz-Ebene sollte bei leichten und mittleren Regelverstößen lediglich als Netz dienen, das Ihnen die nötige Sicherheit und Gelassenheit geben kann, in den ersten beiden Konfliktphasen gewinnend aufzutreten. Vertrauen Sie auf die Wirksamkeit der ersten beiden Phasen der Konfliktbewältigung. Behalten Sie die Trumpfkarte der Konsequenzen als Joker in der Hinterhand. Eskalieren Sie nicht zu früh, denn dadurch provozieren Sie nicht nur mögliche Machtkämpfe, sondern bürden sich selbst allzu schnell die Mühen der Konsequenzen auf.

Fazit

1. Sollten Sie spüren, dass Ihr Gegenüber sich verrannt hat und auch um die Wahrung des Gesichts und/oder den Status vor der Gruppe kämpft, bietet sich als Alternative zur Androhung von Konsequenzen (= Druck rein) die Herausnahme des Drucks aus dem Konflikt an – um dann zu einem günstigeren Zeitpunkt und zu besseren Bedingungen konsequent agieren zu können.
2. Bei schweren Regelverstößen kann es sinnvoll sein, ohne Umwege über die ersten beiden Konfliktphasen den Konflikt unmittelbar auf der Konsequenz-Ebene auszutragen.
3. Vertrauen Sie – besonders bei leichten Regelverstößen – zunächst auf die Wirksamkeit der Deeskalation (= freundlich-bestimmte Beharrlichkeit). Behalten Sie die Trumpfkarte der Konsequenzen als Joker möglichst lange in der Hinterhand.

Über den Kopf in den Bauch

Wir haben anhand vieler Beispiele gezeigt, dass die Einteilung eines Konflikts um Regelverstöße in die drei Phasen der kontrolliert-eskalierenden Beharrlichkeit als ein Modell zu verstehen ist, das je nach konkreter Konfliktbeschaffenheit variiert werden muss: Manchmal ist es notwendig, einzelne Phasen auszudehnen und zu verändern, manchmal empfiehlt sich auch das Überspringen von Phasen. Die Entscheidung, wann welcher Weg beschritten werden sollte, können wir Ihnen nicht abnehmen. Wir haben Ihnen lediglich Kriterien aufgezeigt, die es Ihnen im konkreten Fall erleichtern sollen, die richtige Entscheidung zu treffen und das Modell der kontrolliert-eskalierenden Beharrlichkeit Ihren besonderen Konflikterfordernissen anzupassen.

Und wir können nur immer wieder betonen, dass wir Bewusstheit benötigen, wollen wir das KEB-Modell erfolgreich anwenden und nicht in unsere gewohnten Muster der Konfliktbearbeitung hineinrutschen. Wir sollten kontrolliert agieren statt emotional und impulsiv. Dazu brauchen wir – zunächst – Köpfchen.

Vielleicht werden Sie jetzt einwenden: »Der Stresspegel und der Zeitdruck sind zu hoch, als dass ich immer sämtliche Empfehlungen oder Vorsätze, die ich gelesen und mir vorgenommen habe, auch tatsächlich umsetzen könnte. Das Modell trägt nicht; es ist zu kopfgesteuert! Konflikte um Regelverstöße müssen überwiegend ›aus dem Bauch heraus‹ und ›spontan‹ bewältigt werden.«

Bauschen wir keine unnötigen Gegensätze zwischen Kopf und Bauch auf: Denken wir nur an unsere ersten Fahrstunden zurück: Wie viel bewusst durchgeführte Vorgänge mussten wir gleichzeitig vollziehen, um das Auto der Fahrschule halbwegs sicher durch den Autoverkehr zu lenken? Wir standen vor der schier unüberwindbaren Aufgabe, zahlreiche Handlungen kontrolliert und sehr bewusst parallel auszuführen. Und wie fahren wir heute? In keiner Sekunde denken wir darüber nach, ob die Ampel, über die wir gerade gefahren sind, tatsächlich grün war. Die bewusste Kontrolle ist einem intuitiven Fahrstil gewichen. Wir fahren scheinbar automatisch und aus dem Bauch heraus, denn wir haben viel gelernt und lange trainiert.

Das Beispiel des Autofahrens zeigt: Das, was wir als Aus-dem-Bauch oder Spontaneität bezeichnen, ist nicht zuletzt das Ergebnis von Erfahrung und von unzähligen bewussten und unbewussten Lernprozessen und deren Training.

Intuition ist das Ergebnis von Lernprozessen.

Je intensiver und bewusster wir uns mit unseren eigenen Streitautomatismen von Angriff und Flucht oder mit den strukturellen Prozessen von Konflikten auseinandergesetzt haben, desto mehr Kriterien bekommen wir an die Hand, wie wir uns in Auseinandersetzungen um Regelverstöße angemessen, durchsetzungsstark und zugleich wertschätzend verhalten können. Und wenn wir uns bestimmte Wertmaßstäbe und Verhaltensweisen für Konflikte vornehmen und diese auch immer wieder trainieren, dann rutschen sie irgendwann eine Etage tiefer – vom Kopf in den Bauch.

Unsere neuen Strategien werden Teil unseres ganzheitlichen Wissens sein, das wir auch in Stresssituationen abrufen können, ohne darüber bewusst nachdenken zu müssen. Eifriges Training bewirkt, dass die anfänglich notwendige Kontrolliertheit in Konflikten einem weitgehend intuitiven Handeln weichen wird. Wir können dann – wieder – getrost aus dem Bauch heraus agieren.

Mit unserem Modell der kontrolliert-eskalierenden Beharrlichkeit haben wir das Rad nicht neu erfunden. Wohl aber haben wir uns aus den unterschiedlichsten Bereichen neue und gebrauchte Speichen, Naben und Felgen zusammengesucht. Diese haben wir so zusammengebaut, dass Sie mit unserem Rad (oder Rat) »ganz gut fahren werden«, wenn es gilt, Konflikte nach Regelverstößen durchsetzungsstark und wertschätzend zu meistern. Aber wir bieten keine Rezepte an. Benutzen Sie unsere Ratschläge bitte lediglich als Orientierungshilfen und Chance, Ihr Konfliktverhalten zu fördern und Kriterien zu entwickeln, nach denen Sie in Konflikten um Regelverstöße angemessen und gefühlvoll vorgehen können. Ziehen Sie sich das heraus, was Sie für Ihre Konflikte gebrauchen können.

Fazit

Wir wünschen uns allen spielerische Leichtigkeit und gegenseitige Wertschätzung in sämtlichen Konflikten.
Gelassenheit siegt!

Literaturhinweise

Arlt, Marianne: *Pubertät ist, wenn die Eltern schwierig werden. Tagebuch einer betroffenen Mutter*, Herder 2000

Grüner, Thomas / Hilt, Franz: *Bei Stopp ist Schluss! Werte und Regeln vermitteln*, AOL 2008

Kaniak-Urban, Christine / Lex-Kachel, Andrea: *Wenn Geschwister streiten. Lösungswege, die funktionieren*, Kösel 2005

Kast, Verena: *Abschied von der Opferrolle. Das eigene Leben leben*, Herder 2003

Klosinski, Gunther: *Pubertät heute. Lebenssituationen, Konflikte, Herausforderungen*, Kösel 2004

Martens, Gabriela: *Streit gehört dazu. Wie wir Konflikte in der Familie verstehen und lösen*, Kösel 2005

Murphy-Witt, Monika: *Konsequente Eltern – glückliche Kinder. Der Ratgeber für eine liebevolle Erziehung und ein entspanntes Familienleben*, Südwest 2003

Nolting, Hans-Peter: *Störungen in der Schulklasse. Ein Leitfaden zur Vorbeugung und Konfliktlösung*, Beltz (14., kompl. überarb. u. erw. Aufl.) 2017

Omer, Haim / von Schlippe, Arist: *Stärke statt Macht. Neue Autorität in Familie, Schule und Gemeinde*, Vandenhoeck & Ruprecht 2016

Preuschoff, Gisela u. Axel: *Gewalt an Schulen. Und was dagegen zu tun ist*, Papyrossa (4., vollst. überarb. u. erw. Aufl.) 2000

Rhode, Rudi / Meis, Mona Sabine: *Regelverstöße – stopp! Wege zum sicheren Umgang. Sekundarstufe I und II*, Cornelsen (3. Aufl.) 2014

Rhode, Rudi / Meis, Mona Sabine: *Wortlos sprechen. Körpersprache: Körperwahrheiten – Körperlügen*, Oesch Verlag 2004

Rhode, Rudi / Meis, Mona Sabine / Bongartz, Ralf: *Angriff ist die schlechteste Verteidigung. Der Weg zur kooperativen Konfliktbewältigung*, Junfermann 2003

Rogge, Jan-Uwe: *Das Neue Kinder brauchen Grenzen*, Rowohlt 2008

Schmidt, Peter: *Stehen Sie drüber! Sich sekundenschnell von negativen Gefühlen befreien*, mvg 2002

Walker, Jamie: *Gewaltfreier Umgang mit Konflikten in der Sekundarstufe I. Spiele und Übungen*, Cornelsen Scriptor (7., überarb. Aufl.) 2013

Wunsch, Albert: *Abschied von der Spaßpädagogik. Für einen Kurswechsel in der Erziehung*, Kösel 2004

Wunsch, Albert: *Die Verwöhnungsfalle. Für eine Erziehung zu mehr Eigenverantwortlichkeit*, München: Kösel 2013

Wüschner, Peer: *Pubertät. Das Überlebenstraining für Eltern*, Eichborn 2003

Zeltner, Eva: *Kinder schlagen zurück. Jugend-Gewalt und ihre Väter*, Zytglogge 1994

Szenischer Vortrag
www.rudirhode.de
Der Sozialwissenschaftler, Schauspieler und Buchautor Rudi Rhode zeigt in seinem lehrreichen und zugleich amüsanten Vortrag auf eine ganz anschauliche Art und Weise, wie unser Auftreten und unsere Vorgehensweise beschaffen sein müssen, damit einmal vereinbarte Regeln auch tatsächlich gelten. Schauspielerisch werden auf der Bühne zugespitzte Konfliktsituationen vorgestellt. Dabei schlüpft der Akteur im fliegenden Wechsel in die unterschiedlichen Rollen und bringt die Konflikte hautnah und witzig auf die Bühne.
Rudi Rhode
Mona Sabine Meis
Wenn Nervensägen an unseren Nerven sägen
So lösen Sie Konflikte mit Kindern und Jugendlichen sicher und selbstbewusst
Kösel
Rudi Rhode/Mona Sabine Meis
Wenn Nervensägen an unseren Nerven sägen
So lösen Sie Konflikte mit Kindern und Jugendlichen.
Überarbeitete Neuausgabe
Kösel-Verlag, München 2020
ISBN 978-3-466-31149-1
€ 20,00 [D] | € 20,60 [A]
CHF 28,90* (* empf. VK-Preis)